牛股密码

破译利弗莫尔关键点

雪禅 著

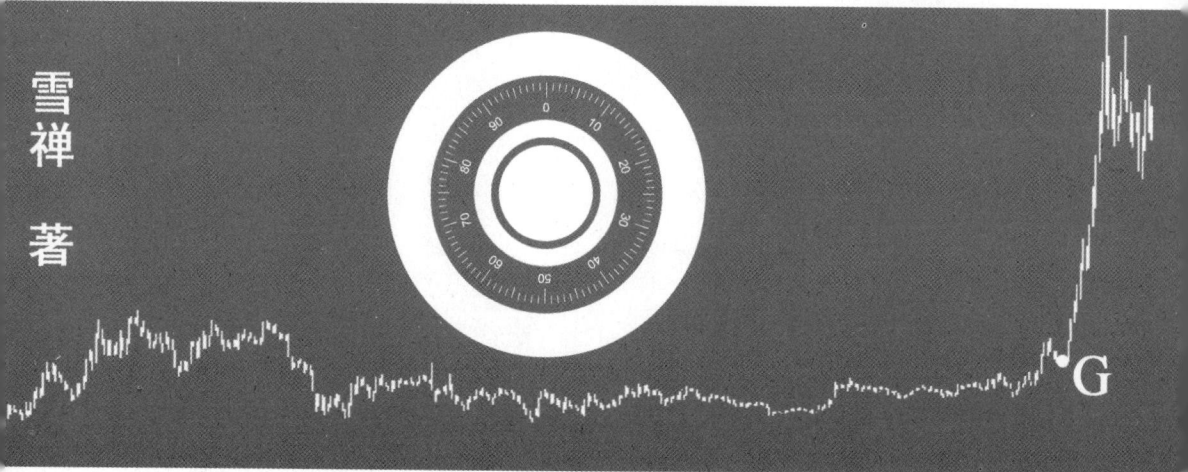

经济管理出版社

ECONOMY & MANAGEMENT PUBLISHING HOUSE

谨以此书献给我的家人，尤其是我的母亲，如果没有她毫无保留的支持与沉默无私的奉献，就不会有此书的诞生。

⋮目 录⋮

上 篇 理念篇

中 篇 牛股篇

下　篇　实战篇

上 篇

理 念 篇

第一章

股市理念

第一节　风险意识

君子以思患而豫防之。

——《周易·既济》

防祸于先而不致于后伤情。知而慎行，君子不立于危墙之下，焉可等闲视之。

——《孟子·尽心》

投资的成败首先取决于我们对风险的认知程度。风险防范意识，是每一位投资者都应树立的基本理念。

有这样一则故事：英国女王要在本国甄选最好的马车夫，最后有三名候选者被带到女王面前，由女王亲自挑选。女王只问了他们一个问题："假如我的马车要经过一个悬崖边，你们如何保障我的安全？"

第一个人说："陛下，即使我驾驶的马车只离悬崖一尺远，也绝不会有事。"

第二个人说："陛下，我驾驶技术更好，马车离悬崖三寸远，也不会翻落。"

第三个人说："陛下，我不走悬崖边，我绕道走大路以保障您的安全。"

结果第三名马车夫被女王选中了。聪明的女王知道，保障安全的最好方法，不是靠"陷于险境时的解围技巧"，而是"避免置身险境"。

入市前，有两句话是经常会被提及的。一句是：股市有风险，入市需谨慎；另一句是：七亏二平一赚。这两句话其实说的都是一个意思，就是股市风险巨大，大多数股民都是赔钱的，需要树立风险意识以避免损失。可又有多少人会把这两句话当回事儿呢？提到股市，人们想到更多的是利益而非风险。就拿笔者自己来说，初入股市时，那还是20世纪90年代，股票书上的一句话让人印象深刻："股市是个聚宝盆。"我想，大多数投资者也和笔者一样，都是被这样的思维"忽悠"进股市的。

其实，每个进入股市的投资者，都只有一个目的，那就是赚钱，正所谓"天下熙熙皆为利来，天下攘攘皆为利往"。而股市更是资金汇聚之处，不少投资者甚至将身家性命押入股市，以期博取丰厚利润，幻想有一天能成为百万、千万富翁。可结果却事与愿违，不仅未赚到大钱，反而亏损累累。究竟原因何在，又有多少人认真思考过？其实，股市不是什么聚宝盆，它时刻充满着无法预知的风险。可来到股市，却很少有人意识到自己已身处险境。

何为"险境"？顾名思义，就是"危险的境地"。股市中的"险境"，指具有系统性风险的股市，例如，2001年2000点、2007年6000点和2015年5000点时的股市。此时入市的投资者，如同置身悬崖而不自知。

这里需要普及一下，系统性风险又称为整体性风险，是由基本经济因素的不确定性引起的，其造成的后果具有普遍性，会对整个股票市场或绝大多数股票产生不利影响。其主要特征是所有股票均下跌，不可能通过购买其他股票保值。在这种情况下，投资者都要遭受很大的损失，其中许多人都会竭力抛出手中的股票，这就造成了熊市中"多杀多"的现象。美国1929年发生的股市大崩溃就是系统性风险的产物。

过去的十几年中，笔者也经历过两次"险境"，一次是2001~2005年那个漫长的熊市（见图1-1），另一次是2007~2008年那个恐怖的熊市（见图1-2），对于"风险"两字算是有了切肤之感。但凡有这两次经历的投资者，还会认同"股市是聚宝盆"或"股市是取款机"的说法吗？那时的股市，更像是地狱或者黑洞，它吞噬的不仅是你的金钱，还有你的灵魂。许多股民和庄家从此在股市中消失。不要认为庄家无所不能，在熊市的慢性消耗下，资金链断裂的情况时有发生，正所谓"覆巢之下焉有完卵"。

图1-1 上证指数2001年6月至2005年6月走势图

图1-2　上证指数2007年10月至2008年10月走势图

就在笔者写作此书时，也就是2015年7月19日，股市又发生了一次中型股灾，见图1-3。这次下跌比起之前提到的两次熊市，只能说是"小巫见大巫"，但因为融资融券的杠杆作用，其产生的威力也是

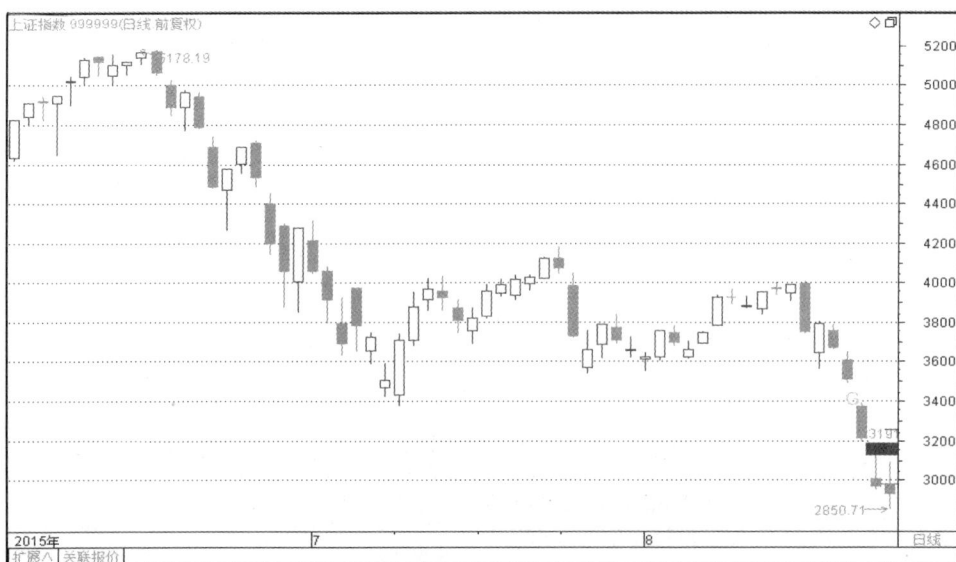

图1-3　上证指数2015年6月至8月走势图

非比寻常的。据报道，这次下跌有近 3 万个 500 万元以上市值的大户账号被消灭。究竟这三次股灾消灭了多少庄家、多少散户，没有人知道，笔者只知道，这样的股灾之前发生过，今后还会发生，还会有不计其数的庄家和散户被这个无情的市场所吞噬。正如利弗莫尔所说，"股市今天发生的事情以前发生过，以后会再度发生"，但是"没法估计的就是何时和如何发生"。

说完中国大陆股市，再来说一个中国台湾地区股灾的例子。

20 世纪 90 年代，中国台湾地区股市万点崩盘，被人称为"多头总司令"的雷伯龙，借来 100 亿台币资金用来托市，后来，不光亏掉原有的 100 亿台币，更是负债 100 亿台币，最后落得妻离子散的悲惨结局。这可以说是一个逆市操作的经典反面教材。不管你有多大本事，有多少资金，都不能违背市场的规律。因为市场总是对的，违背它的意愿后果很严重，不听它话的人下场会很惨，就连世界最伟大的作手利弗莫尔也不例外。

笔者曾读到李嘉诚的一篇访谈，文中有这样一段话，"为了告诉儿孙们风险是怎么回事，李嘉诚甚至还专门花了 8000 美元，去印出了四张 AIG 股票。他把这张股票裱起来，标注了这个世界上最大的保险公司在金融危机中破产的故事，并且写上'以此为鉴，可惕未来'。有趣的是，这时候他的孙儿们还不过几岁"。李嘉诚为何会成为华人首富？相信读者从这则报道中也能看出一些端倪，那就是对风险意识的高度重视。

笔者以为，每一个进入股市的投资或投机者，都应该向李嘉诚学习，时时将"风险"铭记于心，时刻警钟长鸣。就像英国女王选车夫的故事一样，当我们面对任何事情，尤其是股市时，都要做到防患于未然，否则等灾难真正出现之时，恐怕悔之晚矣！

作为投资者，我们不仅要认识市场，更要尊重市场，听市场的话，面对风险要知难而退，因为"胳膊拧不过大腿"——个股不敌大势，不管散户还是庄家都是一样的道理，所以必须要"顺势而为"。

原来笔者也没想到要先写这一章节，现在把风险作为开篇，实在是对股市有敬畏之心，相信读者也能理解笔者的良苦用心。

说了这么多股市的风险，那是否意味着股市无利可图呢？答案是否定的，因为毕竟还有巴菲特、索罗斯和杨百万那样的成功人士，虽然他们属于极少的那一类人，我们难以望其项背，但也说明股市并非只有一面。如果有一套行之有效的方法，能应对这个阴晴不定、波诡云谲的市场，投资者同样可以获取巨大的财富。如何成为"七亏二平一赚"那个"一"，如何长期稳定地从股市中获取可观的利润而又不用冒很大的风险，便是之后章节将要阐述的内容。

第二节　性格与交易

认识你自己。

——古希腊箴言

成功交易的秘密之一就是找一个适合你的系统。

——《通向金融王国的自由之路》

笔者的偶像杰西·利弗摩尔曾经说过这样一段话，"投机，天下最彻头彻尾充满魔力的游戏。但是，这个游戏愚蠢的人不能玩，懒得动脑筋的人不能玩，心理不健全的人不能玩，企图一夜暴富的人不能玩。这些人如果贸然卷入，到头来终究会是一贫如洗"。这话说得很直白却也很真实。说白了，大多数人是不适合这个市场的，都是来做贡献的，赢家毕竟只是少数。

如何才能成为少数赢家中的一员呢？

杰克·施瓦格在采访了世界顶级交易员后，得出的结论是：他们成功的最关键因素就是，他们每个人都有一套适合自己的交易系统。成功的前提是了解自己。只有对自我有一定的了解，才能设计出适合自身的交易系统。

投资者首先需要认清自身的性格特点，然后再去寻找与性格相匹配的交易方法。比如，性格急躁的，适合做短线交易而不适合需要耐心的中长线交易；性格比较迟缓的，就比较适合中长线交易而不适合做短线交易。理论上讲，入市前，每位投资者都应该了解自己个性上的长处与短处，再确定操作方法。但实际上，与了解别人一样，了解自己也需要一个很长的过程。

《交易冠军》的作者马丁·舒华兹，曾花了九年时间才真正发掘出自己个性上的特质，从而找到了适合自身的交易方法。其长处在于能长时间集中精力，专心致志地勤奋工作，能够持续遵守自己订立的原则。他的弱点则在于经常有不安全感，有害怕亏损的心理，以及渴望他人持续支持与鼓励的强烈需求。为此，他采取了当日对冲的短线操盘方法，进出场速度都非常快。其短线操作系统从不持有头寸超过几个小时，砍掉亏损头寸与获利了结的动作一样迅速。马丁·舒华兹将技术分析和操盘策略加以量身定制，以符合自身的性格，可以说是一个很典型的成功例子。很难想象，这位短线高手，最初是做基本面分析的。

经过漫长的摸索，找到了适合自己的交易方法，是否就意味着万事大吉、一劳永逸了？

《交易冠军》一书里，作者马尔丁·舒华兹提到过他的竞争对手——法兰基·乔，同样是一位冠军级别的短线高手，曾获得过 1983 年交易冠军，但在第二年的比赛中，输给了作者马丁·舒华兹，不久便因心脏病而去世。在去世前，他曾表示：我的内心已经像一个 86 岁的老人一样苍老了。而当时他年仅 42 岁！

交易是一项充满压力、高度紧张的工作，在长期高负荷的状态下，身体机能难免会受到影响，就连舒华兹本人，也在不到 50 岁的年纪，因为身心疲惫不堪重负，而不得不求助于心理医生。然而，健康又岂

能用金钱换回？

所以说，认清自己，找到与自身性格特点相适应的交易方法，不仅与收益有关，还与自身健康有关。即使找对了交易方法，也不意味着一劳永逸。随着年龄的增长，交易风格也应该做出相应的变化。很难想象，一个六七十岁的老股民，每天还在忙进忙出做着短线交易。法兰基·乔和马丁·舒华兹就是活生生的例子，不要拿自己的健康开玩笑。

再说说笔者，笔者以前也买过一些价值投资类的书籍，但是一直没有阅读兴趣，这是由个人性格所决定的。价值投资除了需要具备判断估值的能力，还需要有极大的耐心，平时还要阅读大量报表，对笔者来说，阅读那些枯燥乏味的数字味同嚼蜡，相比较而言，更愿意欣赏那些生动鲜活、富有美感的走势图。但随着年龄的增长，笔者也会将交易周期延长从而改变交易风格。另外，通过后天的学习和培养，性格也是可以不断完善的，改掉性格中不好的部分，从而优化你的交易模式。

心理学家将人的性格分为四种类型，即多血质型、胆汁质型、黏液质型和抑郁质型。四种气质类型有不同的心理特点，这些类型各有优缺点，很难说哪种类型最好。即使某种气质类型缺点全都很突出，也不是一成不变的。因为在教育和社会环境的影响下，人格会不断得到改善与完善。

如果把性格与交易相联系的话，笔者认为，胆汁质与多血质比较适合短线交易，而黏液质和抑郁质则比较适合中长线交易。前文提到的马丁·舒华兹就属于胆汁质，适合短线交易，而这也是他所擅长的领域。巴菲特应该属于黏液质，适合长线交易，这也是他所擅长的领域。

各位读者，你又属于哪种类型的人和投资者呢？

以下资料来源于网络，对判断性格和找到与自身性格相适应的交易方法有一定帮助。

附：个人气质测量量表

下面 60 道题，可以帮助你大致确定自己的气质类型，请根据自己的情况在五个答案中选择一个适合自己的。

记分规则：很符合：2 分

比较符合：1 分

介于符合与不符合之间：0 分

比较不符合：–1 分

完全不符合：–2 分

（1）做事力求稳妥，一般不做无把握的事。

（2）遇到可气的事就怒不可遏，想把心里话全说出来才痛快。

（3）宁可一个人干事，不愿很多人在一起。

（4）到一个新环境很快就能适应。

（5）厌恶那些强烈的刺激，如尖叫、噪声、危险镜头。

（6）和人争吵时总是先发制人，喜欢挑衅。

（7）喜欢安静的环境。

（8）善于和人交往。

（9）羡慕那种善于克制自己感情的人。

（10）生活有规律，很少违反作息制度。

（11）在多数情况下情绪是乐观的。

（12）碰到陌生人觉得很拘束。

（13）遇到令人气愤的事，能很好地克制自我。

（14）做事总是有旺盛的精力。

（15）遇到问题总是举棋不定，优柔寡断。

（16）在人群中从不觉得过分拘束。

（17）情绪高昂时，觉得干什么都有趣；情绪低落时，又觉得什么都没意思。

（18）当注意力集中于某一事物时，别的事很难使我分心。

（19）理解问题总比别人快。

（20）碰到危险情境，常有一种极度恐惧感。

（21）对学习、工作、事业怀有很高的热情。

（22）能够长时间做枯燥、单调的工作。

（23）符合兴趣的事情，干起来劲头十足，否则就不想干。

（24）一点小事就能引起情绪波动。

（25）讨厌做那种需要耐心、细致的工作。

（26）与人交往不卑不亢。

（27）喜欢参加激烈的活动。

（28）爱看感情细腻、描写人物内心活动的文学作品。

（29）工作、学习时间长了，常感到厌倦。

（30）不喜欢长时间谈论一个问题，愿意实际动手干。

（31）宁愿侃侃而谈，不愿窃窃私语。

（32）别人总是说我闷闷不乐。

（33）理解问题常比别人慢些。

（34）疲倦时只要短暂地休息就能精神抖擞，重新投入工作。

（35）心里有想法宁愿自己想，不愿说出来。

（36）认准一个目标就希望尽快实现，不达目的，誓不罢休。

（37）学习、工作一段时间后，常比别人更疲倦。

（38）做事有些莽撞，常常不考虑后果。

（39）老师讲授新知识时，总希望他讲得慢些，多重复几遍。

（40）能够很快地忘记那些不愉快的事情。

（41）做作业或完成一件工作总比别人花的时间多。

（42）喜欢运动量大的剧烈体育运动或参加各种文艺活动。

（43）不能很快地把注意力从一件事转移到另一件事上去。

（44）接受一个任务后，就希望能把它迅速解决。

（45）认为墨守成规比冒风险强些。

（46）能够同时注意几件事物。

（47）当我烦闷的时候，别人很难使我高兴起来。

（48）爱看情节起伏跌宕、激动人心的小说。

（49）对工作抱认真严谨、始终一贯的态度。

（50）和周围人的关系总相处不好。

（51）喜欢复习学过的知识，重复做能熟练做的工作。

（52）希望做变化大、花样多的工作。

（53）小时候会背的诗歌，我似乎比别人记得清楚。

（54）别人说我"出语伤人"，可我并不觉得这样。

（55）在体育活动中，常因反应慢而落后。

（56）反应敏捷、头脑机智。

（57）喜欢有条理而不甚麻烦的工作。

（58）兴奋的事情常使我失眠。

（59）老师讲新概念，常常听不懂，但是弄懂了以后很难忘记。

（60）假如工作枯燥无味，马上就会情绪低落。

胆汁质型得分：题号为 2、6、9、14、17、21、27、31、36、38、42、48、50、54、58 的得分之和。

多血质型得分：题号为 4、8、11、16、19、23、25、29、34、40、44、46、52、56、60 的得分之和。

黏液质型得分：题号为 1、7、10、13、18、22、26、30、33、39、43、45、49、55、57 的得分之和。

抑郁质型得分：题号为 3、5、12、15、20、24、28、32、35、37、41、47、51、53、59 的得分之和。

确定气质类型的标准：

（1）如果某类气质得分明显高出其他三种，均高出 4 分以上，则可定为该类气质。如果该类气质得分超过 20 分，则为典型；如果该类得分在 10~20 分，则为一般型。

（2）两种气质类型得分接近，其差异低于 3 分，而且又明显高于其他两种，高出 4 分以上，则可定为这两种气质的混合型。

（3）三种气质得分均高于第四种，而且接近，则为三种气质的混合型，如多血质—胆汁质—黏液质混合型或黏液质—多血质—抑郁质混合型等。

一、多血质

表现：多血质又称活泼型，敏捷好动，善于交际，在新的环境里不感到拘束。在工作、学习上富有精力而效率高，表现出机敏的工作能力，善于适应环境变化。在集体中精神愉快，朝气蓬勃，愿意从事符合实际的事业，能对事业心向神往，能迅速地把握新事物，在有充分自制能力和纪律性的情况下，会表现出巨大的积极性。

优点：活泼好动、善于交际、思维敏捷、容易接受新鲜事物、情绪和情感容易产生也容易变化和消失、容易外露、体验不深刻。从事多样化的工作往往成绩卓越。

缺点：兴趣广泛而浮躁；情感不易深沉、易见异思迁；缺乏耐力与毅力、易轻率做决定；轻率不踏实，如果事业上不顺利，热情可能消失，其速度与投身事业一样迅速。

职业特征：导游、推销员、节目主持人、演讲者、外事接待人员、演员、市场调查员、监督员等居多。

二、胆汁质

表现：胆汁质又称不可遏止型或战斗型。具有强烈的兴奋过程和比较弱的抑郁过程，情绪易激动，反应迅速，行动敏捷，暴躁而有力；在语言上、表情上、姿态上都有一种强烈而迅速的情感表现；在克服困难上有不可遏止和坚韧不拔的劲头，而不善于考虑是否能做到；性急，易爆发而不能自制。这种人的工作特点带有明显的周期性，埋头于事业，也准备去克服通向目标的重重困难和障碍。但是当精力耗尽时，易失去信心。

优点：外向而兴奋精力充沛；情绪发生迅速、强烈、热情、乐观、率直，语言、行动迅速、雷厉风行；能克服困难埋头工作、果敢、坚持。

缺点：冲动、莽撞、易怒而难以自制；刚愎、暴躁、倔强甚至爱挑衅；一旦精力耗尽则情绪低落、信心受挫；烦躁、粗心。

职业特征：管理工作、外交工作、驾驶员、服装纺织业职员、餐饮服务业职员、医生、律师、运动员、冒险家、新闻记者、演员、军人、公安干警等居多。

三、黏液质

表现：这种人又称为安静型，在生活中是一个坚持而稳健的辛勤工作者，具有从容不迫和严肃认真的品德，以及性格的一贯性和确定性。而且，由于这些人具有与兴奋过程相均衡的强的抑制，所以行动缓慢而沉着，严格恪守既定的生活秩序和工作制度，不为无所谓的动因而分心。黏液质的人态度持重，交际适度，不作空泛的清谈，情感上不易激动，不易发脾气，也不易流露情感，能自制，也不常常显露自己的才能。这种人长时间坚持不懈，有条不紊地从事自己的工作。其不足是有些事情不够灵活，不善于转移自己的注意力。惰性使他因循守旧，表现出固定性有余，而灵活性不足。

优点：内向、沉静、谨慎、稳重；语言和动作迟缓、不易暴露内心活动、性情平和；办事认真、细心、有韧性、严守秩序、有条理；不善言谈、交际、忍让、务实、可依赖。

缺点：执拗、不灵活、适应能力差；迟钝、被动、冷淡、显得落落寡合、有惰性、保守、萎靡不振。

心理特点：稳重、考虑问题全面、安静、沉默、善于克制自己、善于忍耐、情绪不易外露、注意力稳定而不容易转移、外部动作少而缓慢。

职业特征：外科医生、法官、管理人员、出纳员、会计、播音员、话务员、调解员、教师、人力人事管理主管等居多。

四、抑郁质

表现：有较强的感受能力，易动感情、情绪体验的方式较少，但是体验得持久而有力，能观察到别人不容易察觉到的细节，对外部环境变化敏感，内心体验深刻，外表行为非常迟缓、忸怩、怯弱、怀疑、孤僻、优柔寡断，容易恐惧。

优点：严重内向、柔弱、敏感、腼腆；情绪发生慢而体验强烈；严肃、不怕困难、善于体察别人不易发现的问题。

缺点：情绪脆弱，畏缩、顺从；多愁善感；胆小，忧心忡忡；落落寡合、冷漠、多疑、犹豫不决；缺乏自信，常为小事而动感情。

职业特征：校对、打字、排版、检察员、雕刻工作、刺绣工作、保管员、机要秘书、艺术工作者、哲学家、科学家等居多。

在对号入座的时候，要记住：

提示 1：气质在个性结构中先天成分较多，但它的可塑性很大。

提示 2：教育和社会实践是青少年改造气质消极面、完善优点的必要途径，只要投身于社会大课堂，在各种实践中学会认识自我、正确评价自我，就一定会有个好气质。

提示 3：这里介绍的四种典型气质类型，具体到每个人身上却不一定那样典型，也许是某一类型为主兼有其他类型的某些特点。

提示 4：随着年龄的增长、生活方式的变化以及自我教育，气质类型的某些特点常会为另一些特点所掩盖，并向好的方面转化。

提示 5：任何气质类型对人的行为、活动的效率都有影响，气质中消极的情绪甚至起破坏作用。

第二章

核心交易法

投资者必须要明确市场趋势，并顺着趋势方向做交易。

——《量价秘密》

人有所不为也，而后可以有为。

——《孟子·离娄下》

禅宗有个"自伞自度"的故事。说的是有个信徒向禅师借伞，禅师说道："我在雨中，你也在雨中，我不被雨淋，因为有伞；你被雨淋，因为无伞。所以不是我度你，而是伞度我，你要被度，不必找我，请自找伞！"

对于投资者来说，找到适合自己的交易方法就是找到那把伞，找到了，就能到达胜利的彼岸。

在笔者看来，交易者可分为三种类型（三个层次）。

第一类（层），是感性交易者，多数股民属于这种类型，感性是相对理性而言的，他们不做研究、不做调查，到处打探消息，交易全凭感觉，没有完整成熟的、经过市场检验的交易系统，如果不思进取，这一阶段持续的时间会很长，大约 5~10 年甚至更长，有的股民会终身

停留在这个阶段，这类交易者人数最多。

第二类（层），是理性交易者，历经牛市、熊市的多次洗礼，经过多年研究和经验积累，摸索出一套成熟的交易系统，可以稳定地从股市中赚取利润，这一类交易者占比较少，属于股市的幸存者。

第三类（层），是智性交易者，他们功成名就，由少数精英组成，是金字塔尖的交易大师。有一套独特的不同流俗的交易方法，利用这套方法，他们从金融市场获取大量的财富，巴菲特、索罗斯和彼得·林奇是其中的代表。

笔者的核心交易法属于第二类。

核心交易法，是指以大盘走势为操作依据，以符合最小阻力原则且拥有核心生产力的上市公司股票为交易对象的交易方法。

第一节　大势为上原则

考虑大盘，而不是个股。

——《股票作手回忆录》

有数千种的交易方法，但最有效的方法必然是顺应市场的方法。

——《量价秘密》

所谓"顺势而为"，就是顺应大势，按照趋势的方向进行交易。投身股市多年的投资者，都会有一个体会：多数股票是跟随大盘波动的。大盘走势良好时，多数股票会跟着大盘一起上涨，大盘走势不好时，多数股票会跟着大盘一起下跌。这种现象在牛市、熊市表现得尤其明显，这是一种趋从效应，也是一种股市常态。

就拿趋势明显的 2006 年、2007 年和 2008 年为例，2006 年 8 月至 2007 年 11 月，是一段上涨趋势明显的牛市，见图 2-1。

图 2-1　上证指数 2006 年 8 月至 2007 年 11 月走势图

个股以万科 A、广州发展、铜陵有色和英力特为例，这四只个股分别属于地产、能源、有色金属和化工，与大盘同期相比，它们的表现又如何呢？见图 2-2、图 2-3、图 2-4 和图 2-5。虽然走势不能说完全吻合，但总体趋势都是一致的，那就是上涨。

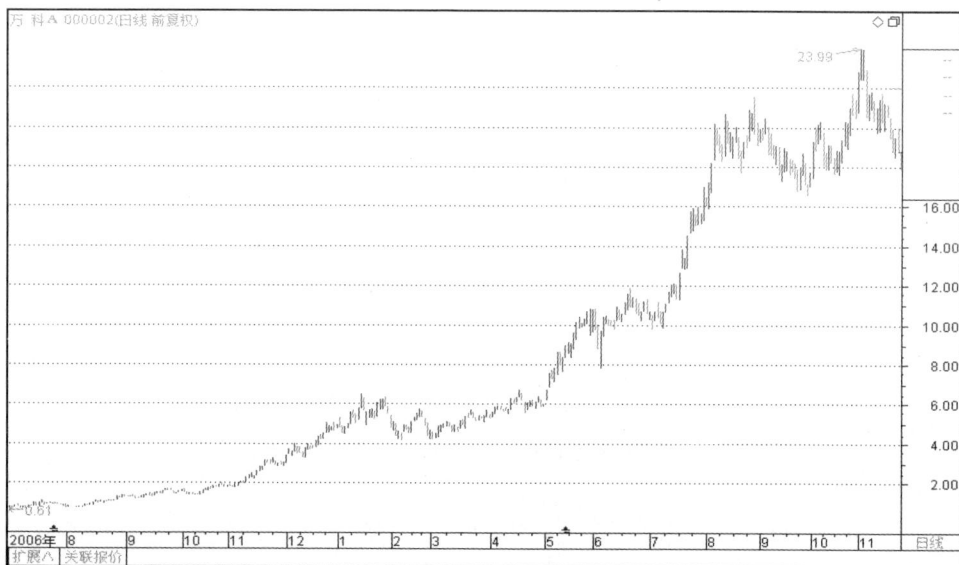

图 2-2　万科 A 2006 年 8 月至 2007 年 11 月走势图

图 2-3 广州发展 2006 年 8 月至 2007 年 11 月走势图

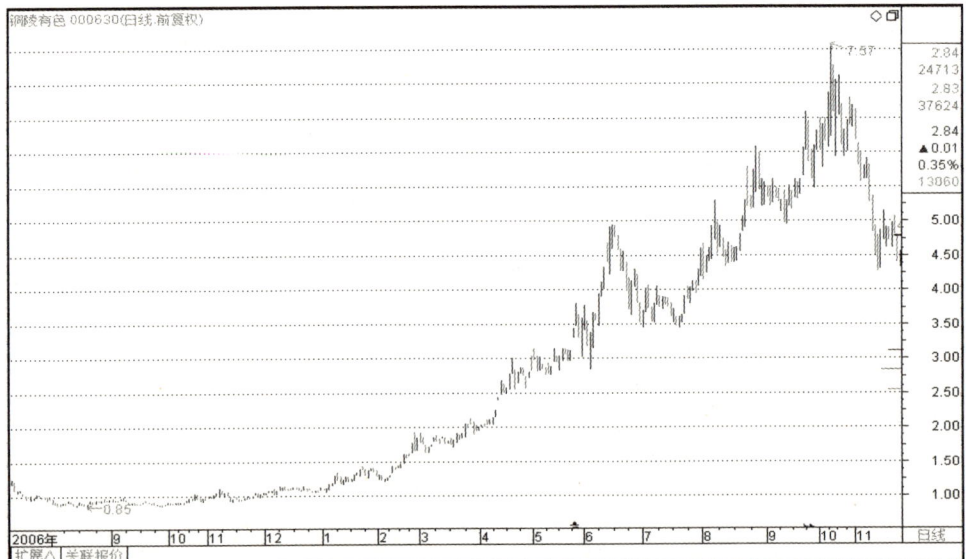

图 2-4 铜陵有色 2006 年 8 月至 2007 年 11 月走势图

图 2-5 英力特 2006 年 8 月至 2007 年 11 月走势图

看过了个股在上涨趋势也就是牛市中的表现，我们再来看看下跌趋势中它们的表现。2008 年 1 月至 10 月，是一场股灾，见图 2-6。同期这四只个股的表现，见图 2-7~图 2-10。

图 2-6 上证指数 2008 年 1 月至 10 月走势图

第
二
章

核
心
交
易
法

图 2-7　万科 A 2008 年 1 月至 10 月走势图

图 2-8　广州发展 2008 年 1 月至 10 月走势图

图 2-9　铜陵有色 2008 年 1 月至 10 月走势图

图 2-10　英力特 2008 年 1 月至 10 月走势图

　　与牛市中一路上涨的表现截然相反，熊市中的个股，就像失去重心的醉汉一样一头栽了下来，这就是大势的威力，所谓"个股不敌大势"，"覆巢之下，焉有完卵"，说的都是这个意思。作为投资者，我们没有必要与趋势对抗，不要与趋势为敌，而要与趋势为友。

至于价值投资者推崇的"逆向投资"，看看睿智而又精明的巴菲特就知道了，虽然他是在熊市末端才进场的。2008年的大熊市，巴菲特是在当年9月入场的，购买了高盛、通用电气等公司优先股（类似债券），之后股市继续下跌，巴菲特的账户也随之缩水，到了2009年2月，巴菲特的伯克希尔哈撒韦公司公布，每股账面价值比2008年下降了9.6%，这是巴菲特1965年执掌公司以来的最大跌幅，因为其持有的股票损失惨重。后来，巴菲特说："我犯了很多错误，我没有利用混乱带来的机会实现利润最大化。"如果等到2009年3月市场触底时才动用他的现金，他就会大赚一票了。当然这只是"如果"。巴菲特是人不是神，他也有看错的时候，虽然有失误，但大方向还是对的，最终他也赚了钱。所以，他仍然是顶级投资大师。

从中国股市到巴菲特的案例，我们可以看到，投资抑或投机，顺势而为有多么重要！而那种"抛开大盘炒个股"的做法是非常不可取的。

那么，如何才能做到"顺势而为"？如何在中国股市做到"顺势而为"？股市是否有规律可循呢？

下面，笔者将就中国股市展开阐述。

众所周知，中国股市是新兴市场，比起欧美发达国家，制度还不是很完善，投机气氛比较浓厚，导致股价波动剧烈，股市也呈现出一种上下大幅波动的特征，见图2-11。

多年来，笔者经常揣摩这张大势图，试图发现一些规律性的现象。

"股市是经济的晴雨表"，股市走势通常领先于经济周期，而经济周期是有规律的。经济周期可分为四个阶段：繁荣、衰退、萧条、复苏。在这四个阶段中，繁荣和萧条是两个主要阶段，衰退与复苏是两个过渡性的阶段。索罗斯在其所著的《金融炼金术》中，将其简化为繁荣—萧条交替模型（也可理解为牛熊模型），这个模型对分析中国股市很有帮助。

以上证指数为例，笔者对中国股市的几次繁荣—萧条循环做了如下的划分。

图 2-11 上证指数全景图

第一次循环：1990 年 12 月至 1996 年 1 月，历时 62 个月，见图 2-12。

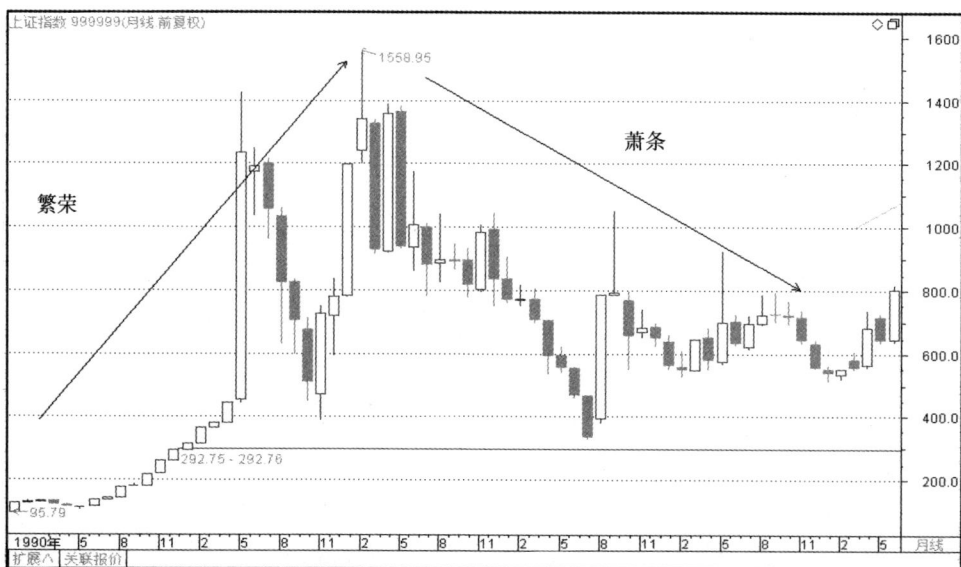

图 2-12 上证指数 1990 年 12 月至 1996 年 1 月第一次循环

第二次循环：1996 年 1 月至 2005 年 6 月，历时 114 个月，见图

2-13。

图 2-13　上证指数 1996 年 1 月至 2005 年 6 月第二次循环

第三次循环：2005 年 6 月至 2013 年 6 月，历时 97 个月，见图 2-14。

图 2-14　上证指数 2005 年 6 月至 2013 年 6 月第三次循环

第四次循环：2013 年 6 月至今，笔者写作本书时，仍处于繁荣阶段，依笔者判断，这次繁荣有可能在 2017 年终结，让我们拭目以待，见图 2-15。

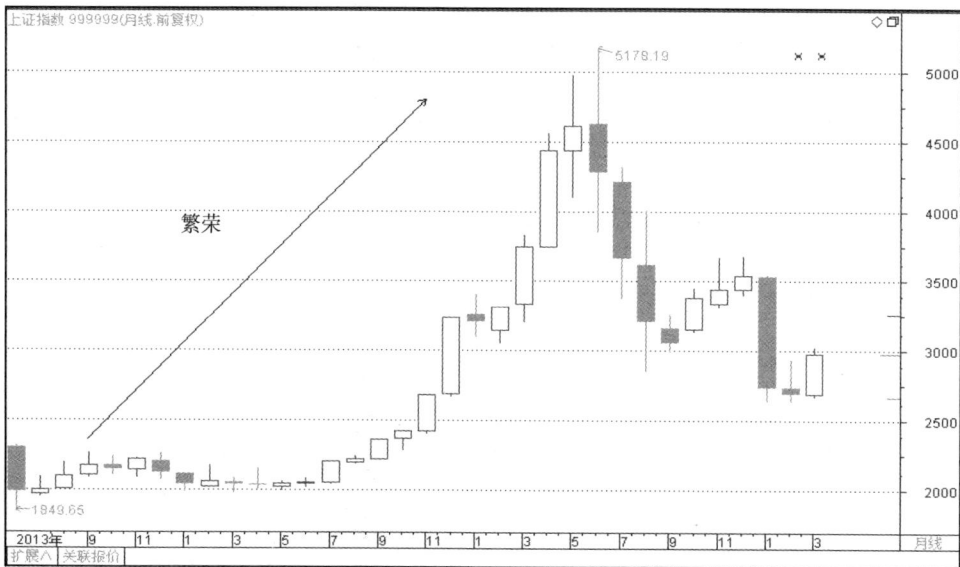

图 2-15　上证指数 2013 年 6 月至 2015 年 10 月第四次循环

繁荣—萧条模型上证指数全景图，见图 2-16。

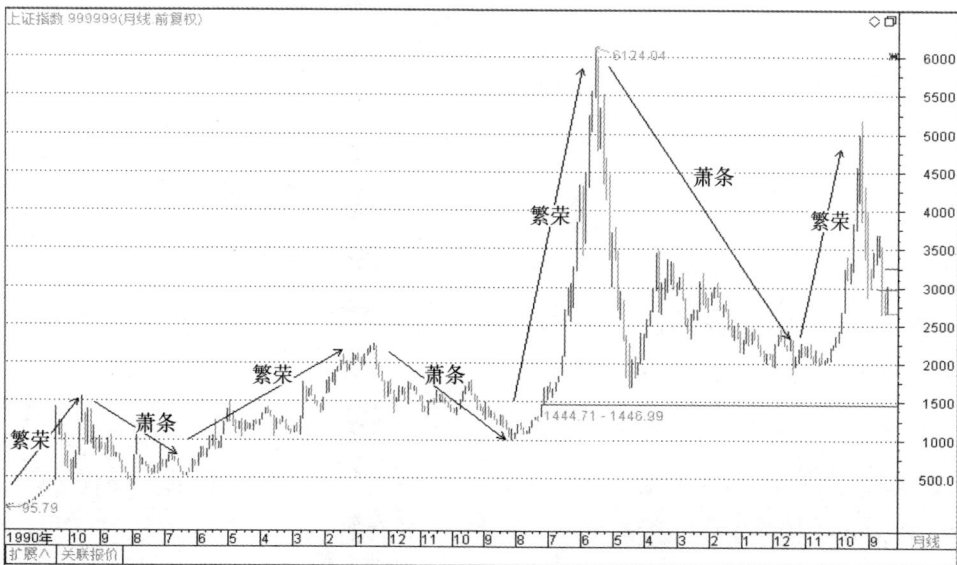

图 2-16　繁荣—萧条模型上证指数全景图

　　除了牛市、熊市循环外，中国股市还有一个显著的特征，那就是不论牛熊市，每年都会有一波行情，这是核心交易法所要重点阐述的内容，也是普通投资者从股市获取稳定收益的重要来源。

　　下面，笔者将对最近几年的行情作一回顾。

　　众所周知，2008 年是大熊市，然而这一年仍然有一波行情可供投资者获取利润，见图 2-17。这波行情是跨年行情，从 2007 年 11 月 28 日的低点 4778 点至 2008 年 1 月 14 日的高点 5522 点，涨了 700 多点，涨幅超过 15%，历时 1 个多月。

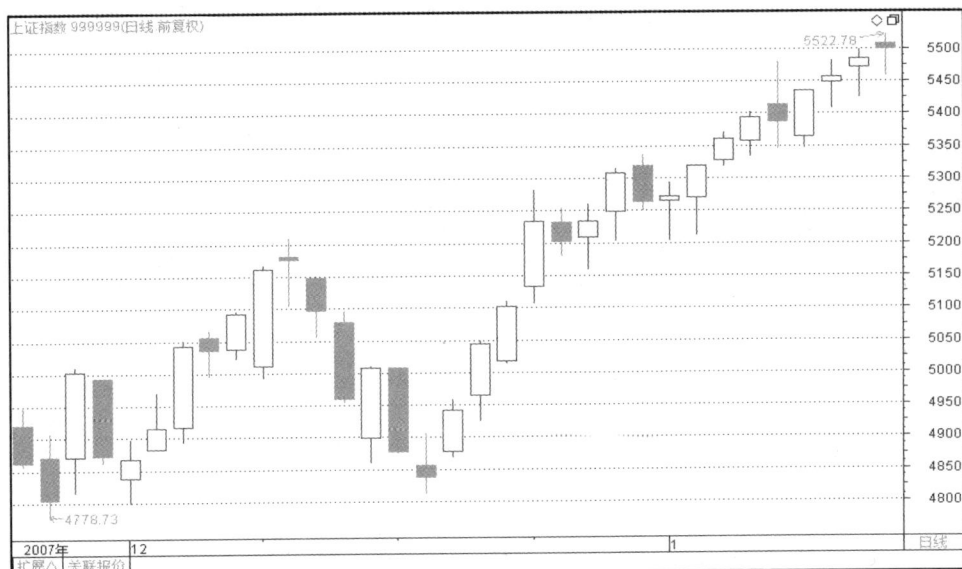

图 2-17　上证指数 2007 年 11 月 28 日至 2008 年 1 月 14 日走势图

　　2009 年就是一波牛市了，见图 2-18。这也是一波跨年行情，从 2008 年 10 月 28 日的低点 1664 点至 2009 年 8 月 4 日的高点 3478 点，涨了 1800 多点，涨幅超过 100%，历时 9 个多月。

　　2010 年也有一波不错的行情，见图 2-19。这是一波年中行情，从 2010 年 7 月 2 日的低点 2319 点至 2010 年 11 月 11 日的高点 3186 点，涨了 800 多点，涨幅超过 37%，历时 4 个多月。

图 2-18　上证指数 2008 年 10 月 28 日至 2009 年 8 月 4 日走势图

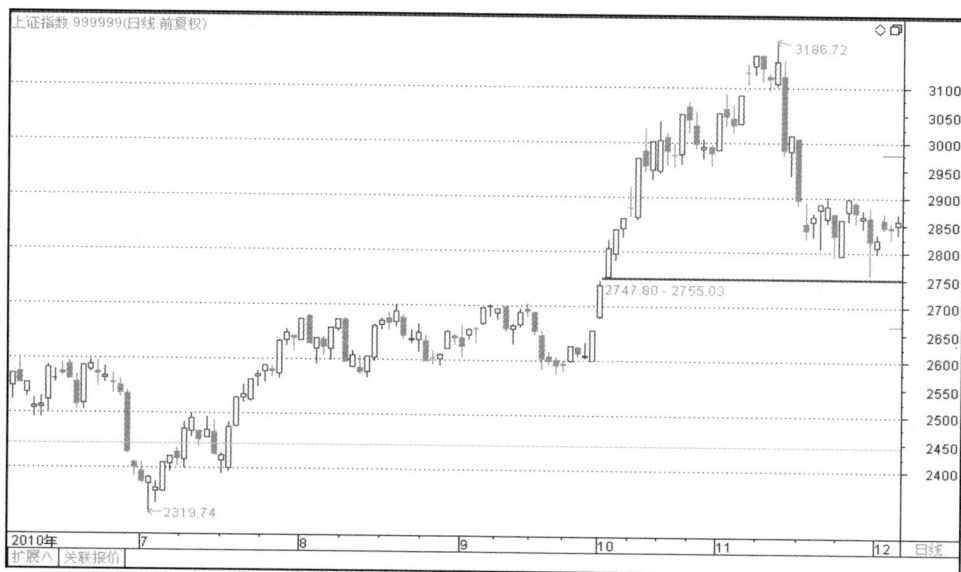

图 2-19　上证指数 2010 年 7 月 2 日至 2010 年 11 月 11 日走势图

　　2011 年同样有一波不错的行情，见图 2-20。这是一波年初的行情，从 2011 年 1 月 25 日的低点 2661 点至 2011 年 4 月 18 日的高点 3067 点，涨了 400 点，涨幅 15%，历时近 3 个月。

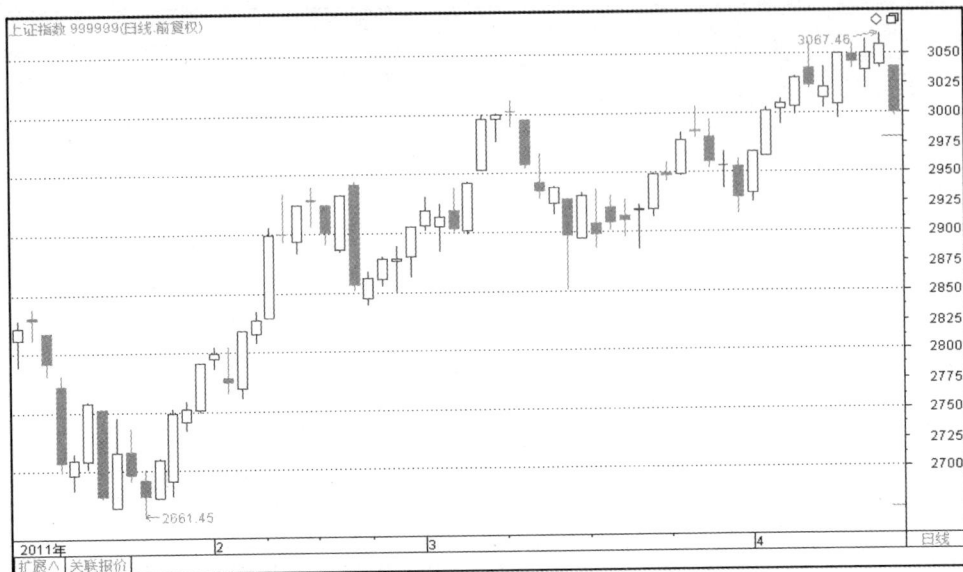

图 2-20 上证指数 2011 年 1 月 25 日至 2011 年 4 月 18 日走势图

　　2012 年的行情，见图 2-21。这也是一波年初行情，从 2012 年 1 月 6 日的低点 2132 点至 2012 年 2 月 27 日的高点 2478 点，涨了 300 多点，涨幅 16%，历时 1 个多月。

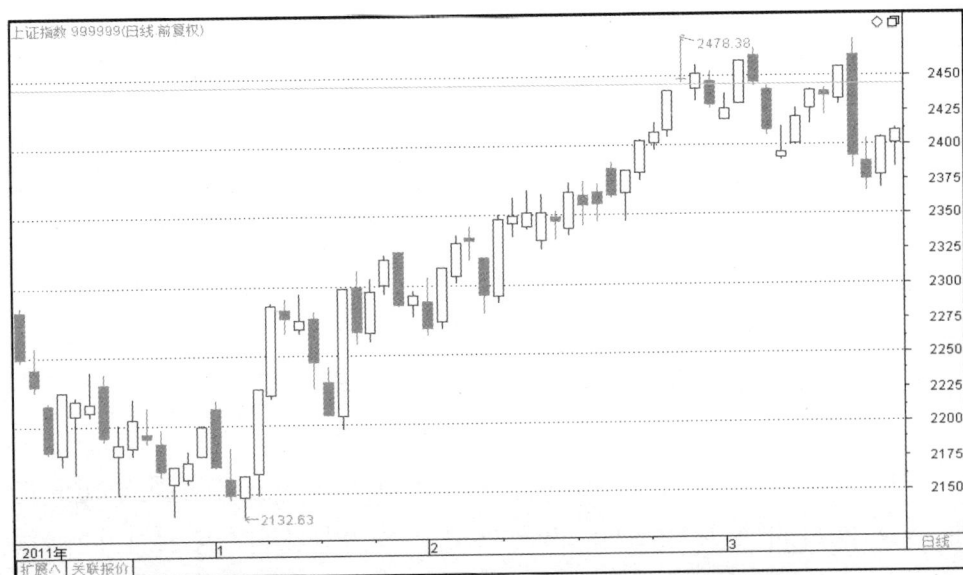

图 2-21 上证指数 2012 年 1 月 6 日至 2012 年 2 月 27 日走势图

2013 年的行情，见图 2-22。这是一波跨年行情，从 2012 年 12 月 4 日的低点 1949 点至 2013 年 2 月 18 日的高点 2444 点，涨了近 500 点，涨幅 25%，历时 2 个多月。

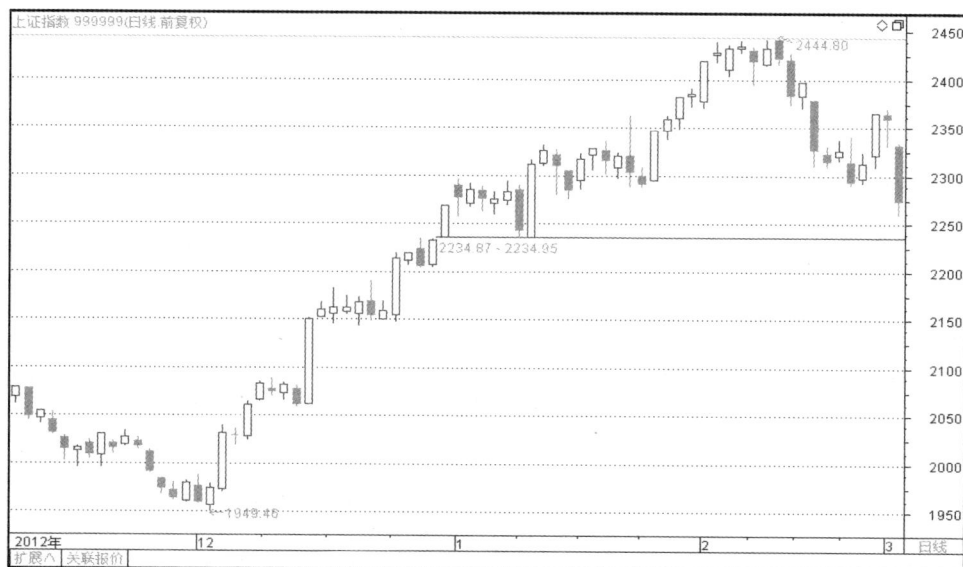

图 2-22　上证指数 2012 年 12 月 4 日至 2013 年 2 月 18 日走势图

2014 年开启了一波牛市行情，见图 2-23。这波牛市行情，从 2014 年 3 月 12 日的低点 1974 点至 2014 年 12 月 31 日的高点 3239 点，涨了 1200 多点，涨幅 64%，历时 9 个多月。

2015 年继续牛市行情，见图 2-24。这波牛市行情，从 2015 年 2 月 9 日的低点 3049 点至 2015 年 6 月 12 日的高点 5178 点，涨了 2000 多点，涨幅近 70%，历时 4 个多月。

从以上例子我们看到，这些中级行情涨幅都超过 15%，历时都在 1 个月以上。许多行情都是从年底或年初开始的，这就给投资者提供了很好的操作思路：年底和年初是布局建仓的好时机。有道是"选时胜于选股"，踏准时机比选择股票要重要得多。

选时与选股，是一枚硬币的两面。也是战略与战术的关系问题，我们在股市实战中，既要重视战略问题，也就是平常所说的战略性建

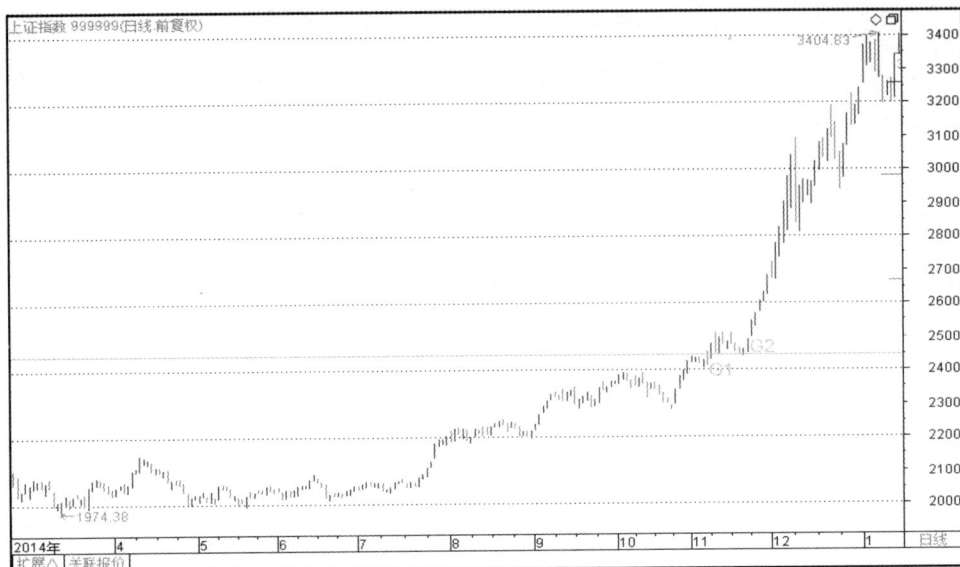

图 2-23　上证指数 2014 年 3 月 12 日至 2014 年 12 月 31 日走势图

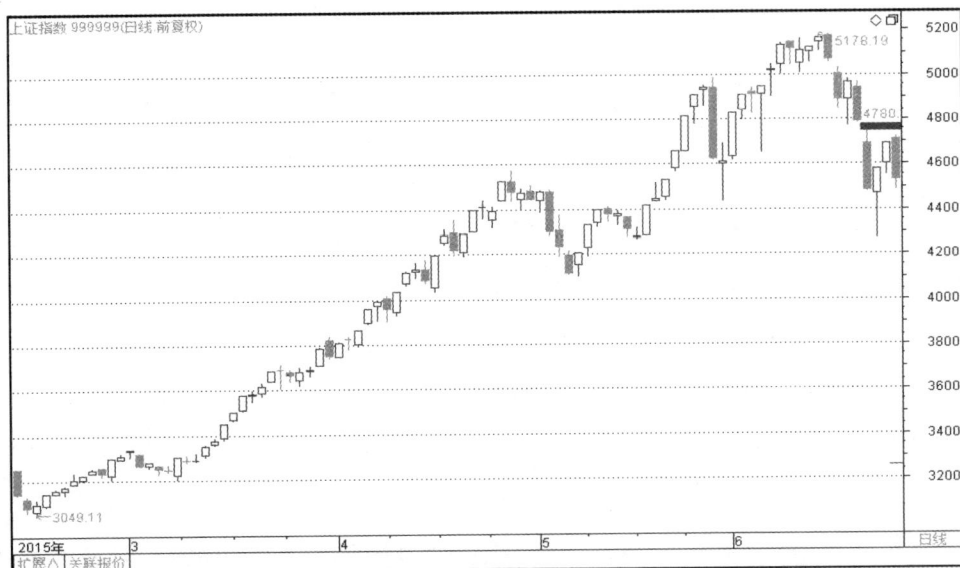

图 2-24　上证指数 2015 年 2 月 9 日至 2015 年 6 月 12 日走势图

仓，抄到中级底部，但也不能忽视战术问题，要精心挑选好的股票标的。解决好这两个问题，我们就能在股市中立于不败之地。

如何选择好股票甚至捕捉到牛股呢？就是下一节的内容了。

第二节　最小阻力原则

人往高处走，水往低处流。

——民间俗语

价格，像其他所有的事物一样，沿最小阻力线运动。

——《股票作手回忆录》

"水往低处流"，是因为地球引力的作用，而价格沿最小阻力线运动，则是趋势力量的作用。

"最小阻力原则"并非笔者原创，最早是由天才作手杰西·利弗摩尔提出的。

和其他商品一样，股票交易行为由买方和卖方构成。买卖双方共同作用下形成价格。当买方力量大于卖方力量时，股价就会上涨；反之，就会下跌。而当买卖双方力量相当时，股价就呈现横向震荡走势，价格的涨跌就形成了趋势，趋势的惯性作用又推动价格继续上涨或下跌。趋势具有惯性和时效性，见图 2-25~图 2-27，分别为上升趋势、下降趋势和震荡趋势。

从以上例子可以看出，不管是上涨趋势、下跌趋势，还是横向震荡，一旦形成，就会持续运行一段时间，直到原有趋势被打破，这就是趋势的时效性。

价格会朝支配性力量所引导的方向前进。不管是非常短的时间，还是中期或长期，一旦主趋势形成，往往会加速上行或下跌。在一个上涨趋势中，多头力量会压过市场中的空头，导致价格节节攀升，涨势越来越快，向上的角度越来越大。而在一个下跌趋势中，价格逐渐下滑，跌势会越来越猛，向下的角度会越来越大。这就是趋势的惯性

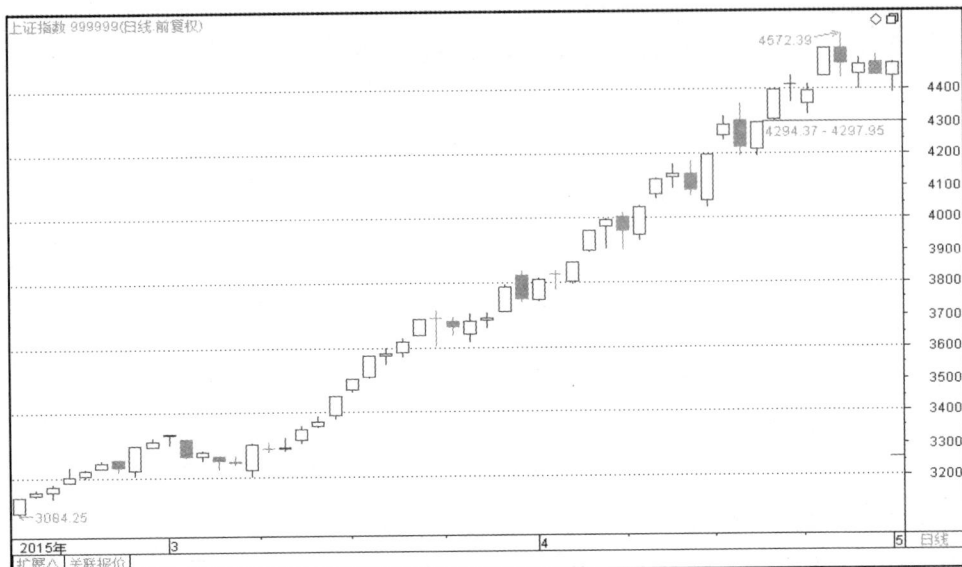

图 2-25 上升趋势示意图

图 2-26 下跌趋势示意图

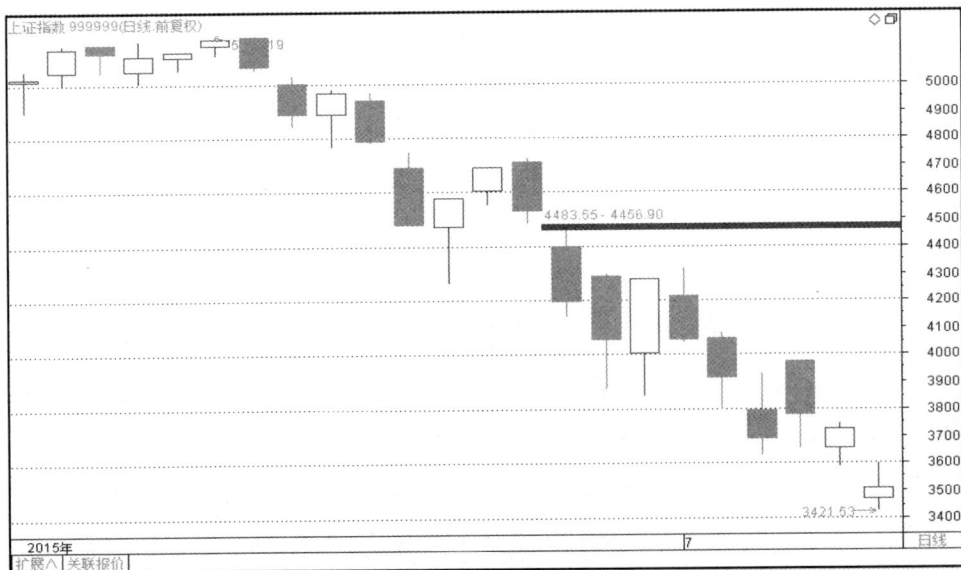

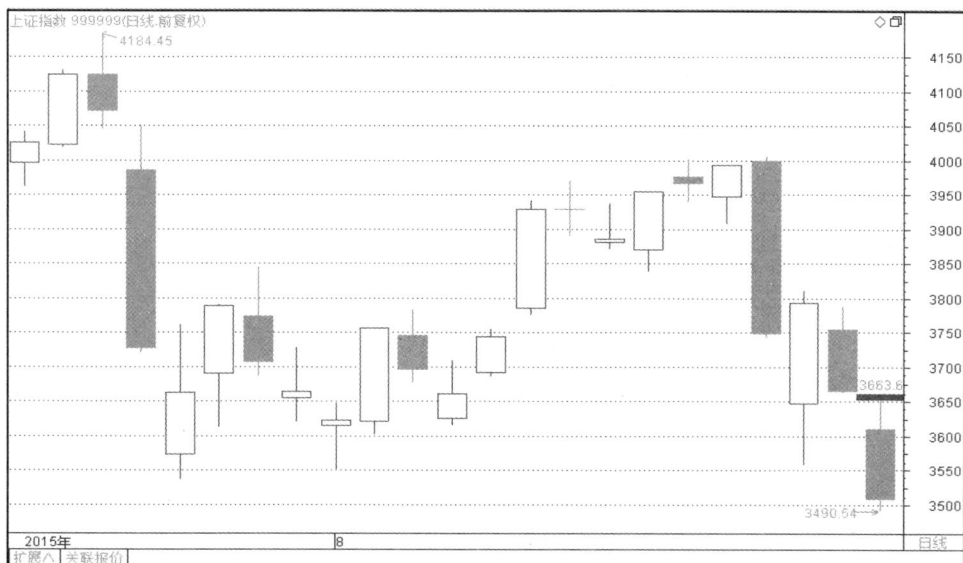

图 2-27 震荡趋势示意图

作用。

虽然国内股市目前已有做空功能，但对于多数普通股民来说，做多仍然是其唯一的获利途径。做多就是做趋势向上的股票。趋势向上，一方面说明买方力量大，另一方面也说明向上的阻力小。如果上方抛压沉重，买方就需要消耗大量资金以抵消下跌的动能。如果上方抛压十分有限，那么，意味着同样的资金就能快速拉升股价。谁愿意干吃力不讨好的事呢？与其解放有大量套牢盘的个股，不如操作有少量或没有套牢盘的个股来得划算。交易者在实战操作时，寻找的目标应是向上阻力最小的个股。

何为阻力？妨碍物体运动的作用力，称为"阻力"。

何为阻力线？阻力线是指股价上升至某一高度时，有大量的卖盘供应或是买盘接手薄弱，从而使股价继续上涨受阻。从供求关系角度看，支撑代表了集中的需求，而阻力代表了集中的供给，股市上供求关系的变化，导致了对股价变动的限制。简单点说，股价的阻力来自上方有大量套牢盘的地方。而阻力线则是图形上每一波浪顶部最高点间的直切线。

何为阻力最小？简单地说，就是套牢盘很少甚至没有的地方。套牢盘多，上涨过程中解套压力就大，阻力自然就大；而套牢盘少的股票，只需有买盘的推动股价就会上涨。阻力越小，意味着套牢盘越少，获利筹码越多。什么样的股票获利筹码多呢？当然是创新高的个股。这个创新高可以是创历史新高，也可以是创阶段新高。

根据最小阻力的原则，创出历史新高的个股，向上的阻力是最小的，由于没有历史套牢盘，因此投资者应该把这些股票作为操作目标。在实际操作中，我们先要确定阻力位（波动的高点），然后画出阻力线（高点的连线），一旦确定了最小阻力线，接下来就可以顺应趋势做交易了。

我们以 000609 绵世股份为例，见图 2-28，图中为绵世股份 2007 年 6 月 5 日至 2007 年 9 月 14 日的走势。

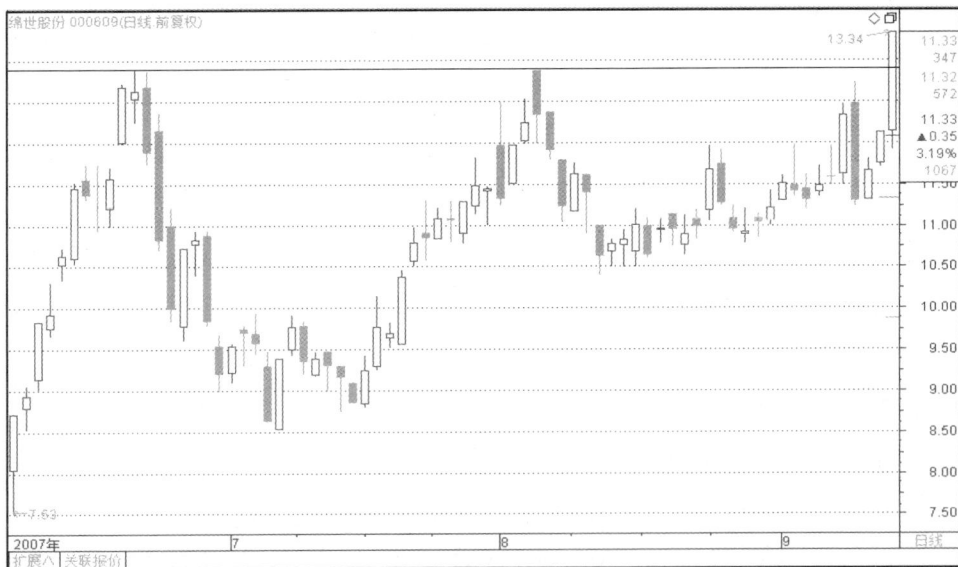

图 2-28　绵世股份 2007 年 6 月 5 日至 2007 年 9 月 14 日走势图

图中的趋势线即为最小阻力线。2007 年 9 月 14 日该股以涨停方式突破该阻力线，创出历史新高，解放前期所有套牢盘。之后股价一路飙升，短期内即实现翻番，见图 2-29。

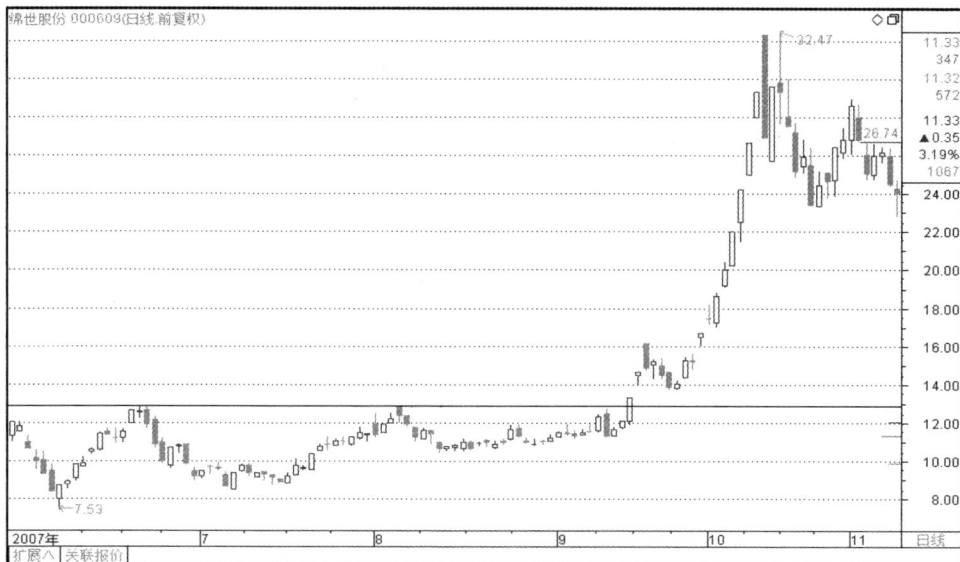

图 2-29 绵世股份突破最小阻力线后的走势图

除了上述创历史新高的个股外，还有一种是创阶段新高的个股，由于买方力量的强大，不断买入导致股价持续大涨，上方的套牢盘因此也被消灭干净，见图 2-30，图为 000666 经纬纺机 2013 年 11 月 28 日至 2014 年 9 月 2 日的走势。

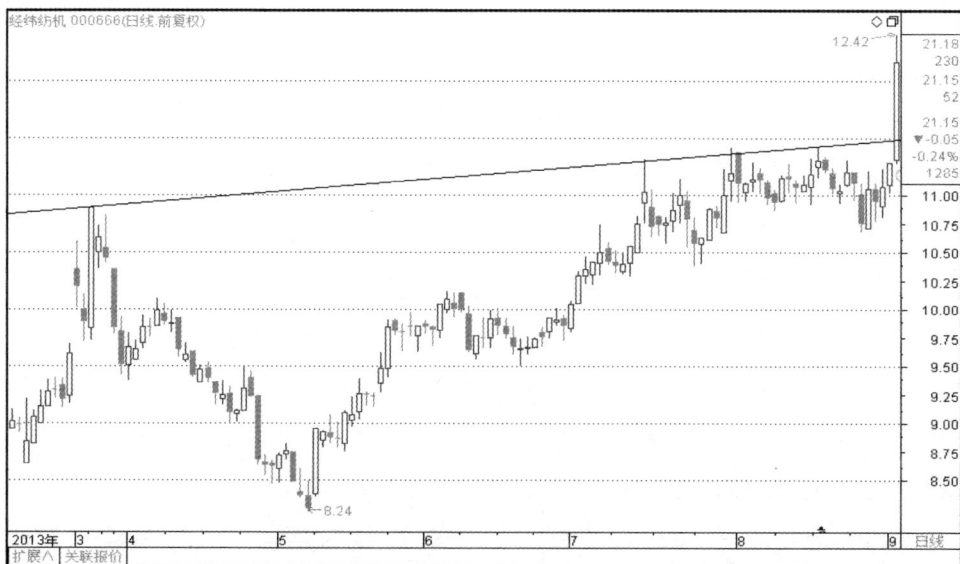

图 2-30 经纬纺机 2013 年 11 月 28 日至 2014 年 9 月 2 日走势图

图中的趋势线即为最小阻力线。2014 年 9 月 2 日该股以一根大阳突破该阻力线，创出阶段新高，之后在买盘的持续推动下，股票大涨，三个月股价接近翻番，见图 2-31。

图 2-31　经纬纺机突破最小阻力线后的走势图

股价运动遵循的第一原则是最小阻力原则，但最小阻力原则的成立也是有条件的。

第一，最好有大势配合，前面讲过"大势为上"原则，多数股票的运行都会受到大势的影响，如果大势不好，股价即使突破最小阻力线，最终也会功亏一篑。

第二，突破时需要放量，放量说明主力把前面高点的套牢盘悉数收纳，只有吸到足够多的筹码，之后的上涨才有保证和持续性。

第三，突破之后走势要流畅，不能拖泥带水。有的股票突破之后会横向震荡，以清洗浮筹，然后再继续拉升。这个横向震荡的时间如果过长，也会导致最终的失败。

基于以上几点，在实战操作中，交易者不要忘记做好风险控制和资金管理，做到及时止损和仓位控制。

作为投资者，交易的重点在于寻找突破最小阻力线的临界点，也就是利弗莫尔所说的关键点。这将在以后的章节中讲述。

第三节　核心竞争力原则

然物以少者为贵，多者为贱。

——葛洪《抱朴子》

物以稀为贵，情因老更慈。

——白居易《小岁日喜谈氏外孙女孩满月》

对多数人来说，"千里挑一"都不是一件容易的事。而股市中有几千家上市公司，从中挑选出质地优良、能带给投资者较好收益的公司，更是难上加难。

笔者的核心交易法，除了对大势和个股的技术要求外，还有对基本面的要求。这个基本面就是上市公司最好是具有核心竞争力的企业。

什么是"核心竞争力"？

1990 年，美国的两位学者在《哈佛商业评论》上发表了《企业的核心竞争力》一文，首次明确提出了"核心竞争力"这一概念。

核心竞争力，又称"核心（竞争）能力"、"核心竞争优势"，指的是一个企业（人才、国家或者参与竞争的个体）能够长期获得竞争优势的能力，是企业所特有的、能够经得起时间考验的、具有延展性，并且竞争对手难以模仿的技术或能力。企业的核心竞争力能使企业在激烈的竞争中处于领先地位，它是企业的生命线，是企业运行和发展的根本动力。

知识、制度、资源是组成企业核心竞争力的三要素。企业能否长期保持核心竞争力优势，关键在于企业是否拥有知识创新的能力，是

否能通过对知识资本进行积累、管理、更新和运用，来推动技术创新、管理创新以及制度创新。

技术创新的论述始于经济学家熊彼特提出的创新理论，是指与新技术的研究开发、生产及其商业化应用有关的经济技术活动。企业是否具备创新技术，往往对其发展有着决定性作用。技术创新，它要求实现的是产品的功能性、独特性以及超越行业平均水平的尖端性。这种优势的技术，会为企业带来超过普通企业的客户关注度以及市场广泛度。

想成为一种产品的龙头老大，必须要有创新；想一直坐在龙头老大的位置，需要持续不断地创新。如微软公司的成功在于不断开发新的操作平台的能力；英特尔公司不断推出新的 CPU（电脑中央处理器）的能力也非其他公司可以比肩。

企业核心竞争力的识别有四个标准：

（1）价值性。这种能力能很好地实现顾客所看重的价值，如能显著地降低成本，提高产品质量，提高服务效率，增加顾客的效用，从而给企业带来竞争优势。

（2）稀缺性。这种能力必须是稀缺的，只有少数的企业拥有它。

（3）不可替代性。竞争对手无法通过其他能力来替代它，它在为顾客创造价值的过程中具有不可替代的作用。

（4）难以模仿性。核心竞争力还必须是企业所特有的，并且是竞争对手难以模仿的，也就是说它不像材料、机器设备那样能在市场上购买到，而是难以转移或复制。这种难以模仿的能力能为企业带来超过平均水平的利润。

第四节 25%原则

复利是世界第八大奇迹。

——爱因斯坦

既要理解复利的重要性，也要理解复利的艰难。

——芒格

什么是复利？

复利，简单说就是利滚利、钱滚钱，把每一分盈利全部转换为投资本金。计算公式为：本利和（本金与利息的和）＝本金×（1＋年报酬率%）^{n}，其中 n 为设定之投资年数。复利的要素包括初始本金、报酬率和时间。

许多成功的投资者，就是充分利用复利的力量取得了成功。可以说，影响未来财富的关键因素是投资报酬率的高低与时间的长短，而不是资金的多少。譬如，本利一万元，每次盈利 10%，1 万元 25 次后变成 10 万元，50 次全变成 117 万元，73 次后变成 1050 万元，97 次后变成 1 亿元。这样看，一个稳定的投资收益，确实可以获得不错的成果，复利效应魅力无穷。

作为投资者的你，是否问过自己：希望一年的报酬率是多少？25%，绝对是个不起眼的数字，可你是否知道这其中蕴藏的含义？如果能在长时间内做到年均增长 25.89%，10 年后就是 10 倍，20 年后是100 倍，30 年后是 1000 倍，40 年后就是 1 亿倍。就是说，你投资一万元，年均 25% 的收益率，20 年后，你就是百万富翁，30 年后，你就成了千万富翁，40 年后，你就是亿万富翁。这就是复利巨大无比的威力，你还小看这 25% 的年收益率吗？

也许有人会说，一年 25% 的利润并不高，我一两个星期就能获得比这高得多的收益，然而，成功并不体现在一两次的暴利，而是持续保持。要知道，全世界股市上百年的年均回报仅为 6%，能做到 20% 已是世界顶级投资大师！要做到 25% 的年均收益绝非易事，能够长时期超越指数表现的投资者更是凤毛麟角，他们就像是投资界的稀有动物，供后人顶礼膜拜。

巴菲特、索罗斯和彼得·林奇，这些投资投机界大师的年均收益率是多少？和他们相比，你的赚钱能力是否比他们更强？

巴菲特在 1957~2008 年 51 年的年均复合收益率约为 22%，索罗斯量子基金在 1969~1988 年的年均复合收益率为 32.9%，彼得·林奇在 1977~1990 年管理麦哲伦基金时，13 年的年均复合收益率为 29%，安东尼·波顿，享有"欧洲的彼得·林奇"美誉，管理的富达基金在 1979~2005 年 26 年中的年均复合收益率为 20.4%。综上所述，只有索罗斯和彼得·林奇的年均复合收益率超过了 10 年 10 倍的增长速度（25.89%）。

复利是诱人的，也是艰难的。所以，巴菲特的老友芒格才会说，"既要理解复利的重要性，更要理解复利的艰难"。股市里没有常胜将军，连巴菲特也不能例外。2008 年全球股市大跌，被誉为"股神"的巴菲特也遭受了有史以来的惨败，2008 年的抄底，令巴菲特损失上百亿美元。

再举一个例子。2007 年，美国对冲基金经理鲍尔森因做空美国楼市大赚 150 亿美元，然而，一战成名之后，近年来却时运不济，决策失误不断，如错误看多黄金。如今资产较历史高点已下降超过 50%，只能靠从银行贷款维持公司运作。鲍尔森和许多股民（包括笔者）的经历都说明：大赚容易常赚难。一次重大的亏损就能让你的资金账户大幅缩水。

财富增长的秘诀，不在于一两年的暴利，而在于持续稳定的复利增长。理财致富是"马拉松竞赛"而非"百米冲刺"，比的不是爆发力而是耐力。许多投资者没有跑完全场就已经倒下了。对于投资者来说，一时的暴利并不代表你能长期（数年甚至数十年）持续盈利，这就是复利的艰难所在。

因此，投资者应把风险意识放在首位，对市场保持敬畏之心，建立一套长期切实可行的方法，然后持之以恒地去执行，并且保持足够的耐心，这样成功才会离我们越来越近，复利也才会帮助我们走向成功。

中 篇

牛股篇

| 第三章 |

牛股密码

第一节　关键点

　　每一次，只要我秉持耐心，等着市场来到我所谓的"关键点"，才下手交易，我总是能赚到钱。

——杰西·利弗莫尔

　　关键点，是利弗莫尔在其作品《股市作手操盘术》中提到的一个名词。自从笔者知道后，就开始了漫长的探索之路，它就像灯塔上的信号灯，给笔者指明了方向。可以说，它是技术分析金字塔尖的明珠，给寻找它的人以无穷的动力。在经历无数个难眠之夜、不计其数的交易实战，以及书本和网络的寻寻觅觅之后，功夫不负有心人，终于有所收获。

　　从利弗莫尔提出"关键点"，至今已过去了半个多世纪，但真正就

"关键点"作出详细论述的书籍少之又少。笔者孤陋寡闻，只在一本名为《股市大众心理解析》的书里，发现该书作者提到过并且加以论述。作者是位瑞典人，他将"关键点"称为"平衡点"，认为"在某一点上，上下波动的振幅对某一方有利，这一方就主宰着股市中对未来价格走势的看法"。

笔者将"关键点"称之为"G点"，因为"G"是"关键点"拼音的第一个字母。笔者对"关键点"是这样认识的：在某个平衡区域，多空双方经过厮杀后，有一方胜出，成为打破平衡，主宰趋势的一方，而这个打破平衡的点就是关键点。根据突破的方向，关键点可分为两种，一种是向上突破的关键点，一种是向下突破的关键点。以上证指数为例，见图3-1。图中的G点，是一根大阴线，为向下关键点。大盘向下突破后，连续几日大幅下跌，并且速度有加快之势。

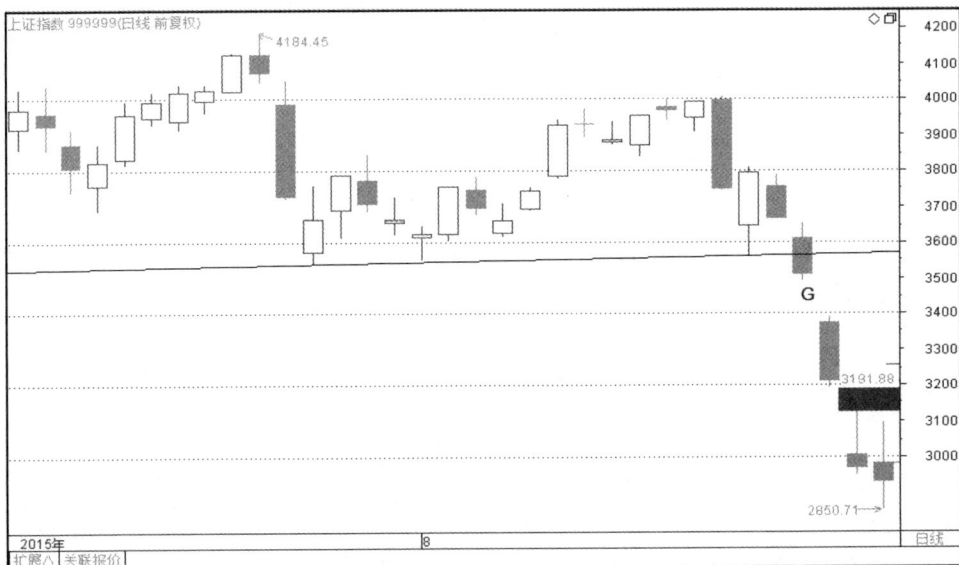

图3-1　向下突破关键点示意图

大盘之后又构筑了一个平衡区域，最后以一根大阳线向上突破该区域，开始一轮上涨行情，见图3-2。图中的G点，是一根大阳线，为向上关键点。

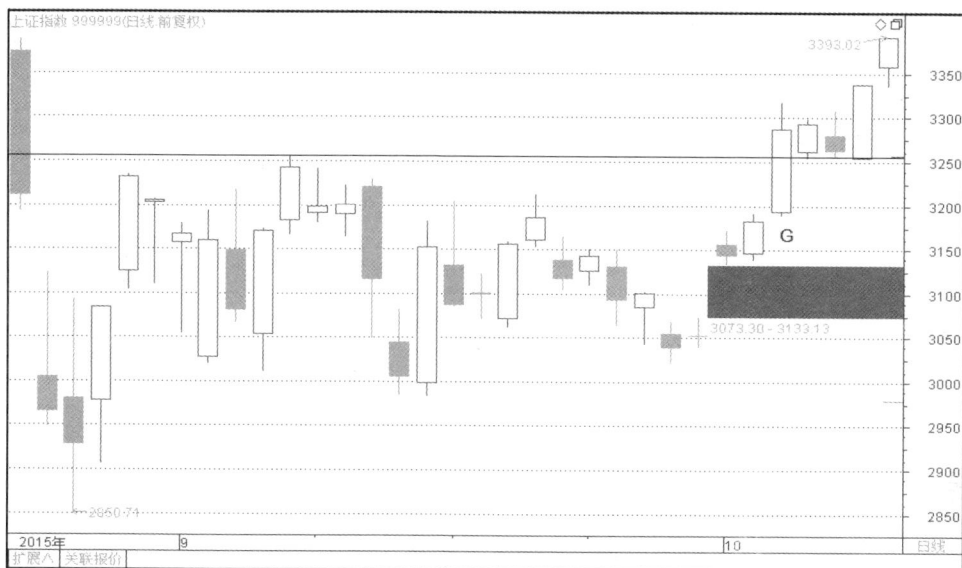

图 3-2　向上突破关键点示意图

下面说说牛股的关键点，还是以之前最小阻力线的例子来讲解，见图 3-3。图中突破阻力线的大阳 G 点即为绵世股份的关键点。

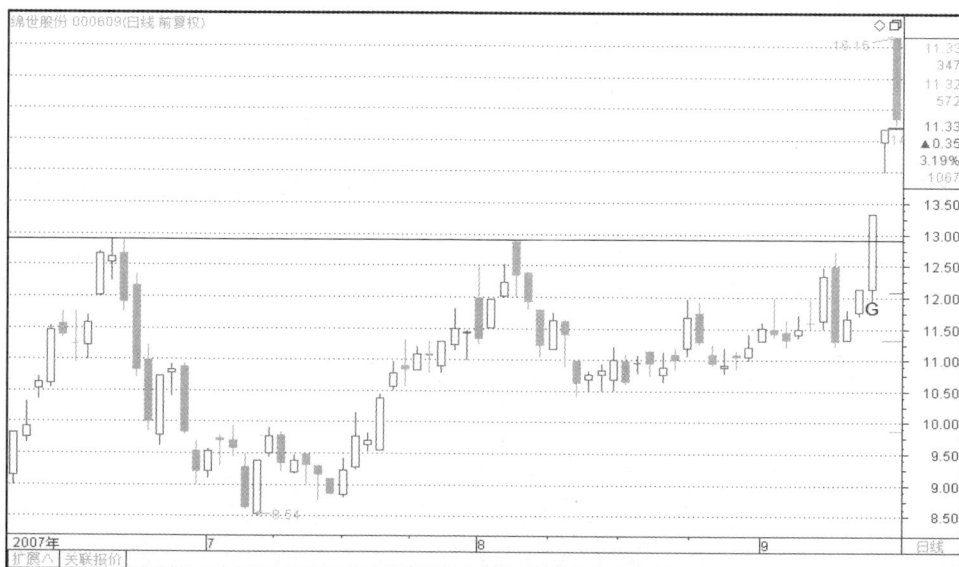

图 3-3　绵世股份的关键点示意图

经纬纺机的关键点，见图 3-4。图中突破阻力线的大阳 G 点即为关键点。

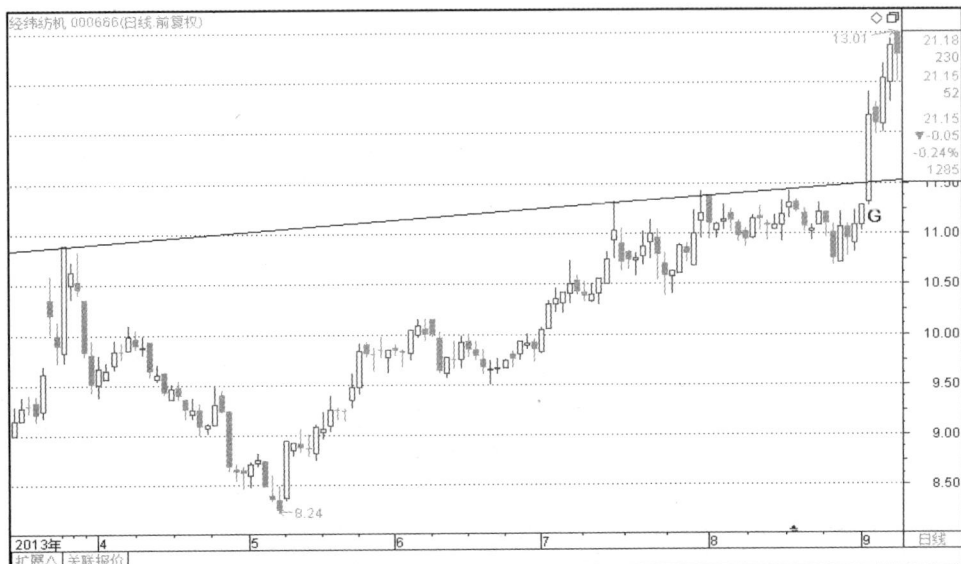

图 3-4　经纬纺机的关键点示意图

经过多年实战，笔者发现，拉升时的牛股关键点有一个显著特征，就是关键点处的获利盘一般都在 99% 以上，有的甚至达到 100%。这说明解放了前期绝大多数套牢盘，几乎所有筹码都处于获利状态，为之后的大幅拉升提供了良好条件。下面，以经纬纺机和方正证券为例。

经纬纺机关键点 G 点的获利盘为 99.51%，见图 3-5。

方正证券关键点 G 点的获利盘为 100%，见图 3-6。

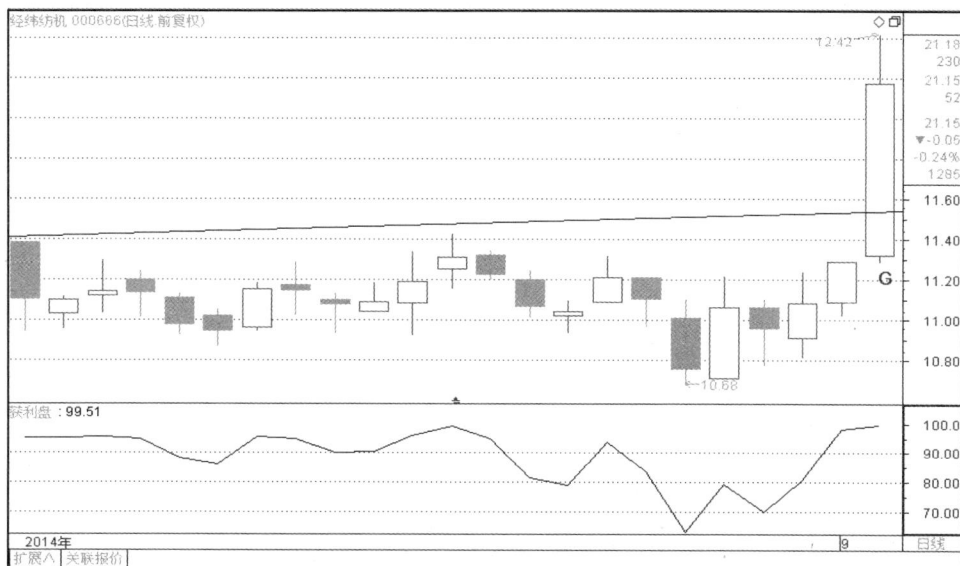

图 3-5　经纬纺机关键点获利盘示意图

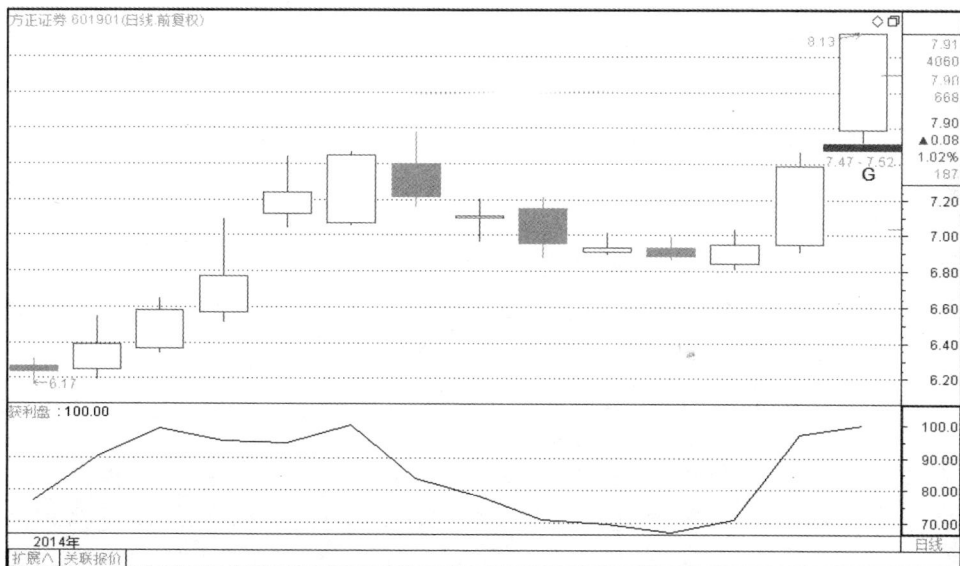

图 3-6　方正证券关键点获利盘示意图

第二节　如何捕捉牛股

交易如同狩猎，耐心等候扣动扳机的那一刻。

——作者

依照核心交易法的几个原则，捕捉牛股大致可分为以下几个步骤：

第一，根据大势为上原则，判断大盘的中期走势，寻找中级底部。

第二，根据最小阻力原则，寻找出强势板块中的强势股或走独立行情的强势股。

第三，根据核心竞争力原则，从强势股中选择核心竞争力突出的上市公司作为操作目标股。

下面以笔者的实战案例加以说明。

大盘于 2014 年 11 月 10 日，以一根标志性大阳线突破 2013 年 2 月 18 日创下的高点 2444.80 点，创出一年多来的新高，也就是关键点 G1，经过数日调整，于 2014 年 11 月 24 日，再次以大阳线突破创出新高，生成第二个关键点 G2，见图 3-7。之后便是一轮轰轰烈烈的牛市行情，见图 3-8。

笔者在大盘产生第二个关键点 G2 时，判断此次行情非同一般，于是介入此前一直看好的个股 601901 方正证券，该股也是券商板块中的龙头品种。该股于 2014 年 11 月 24 日，以跳空涨停的方式突破调整一年多来的高点，距离 2013 年 3 月 25 日创下的历史高点仅一步之遥，图中 G 点为关键点，见图 3-9。之后该股便展开了一轮大涨行情，见图 3-10。

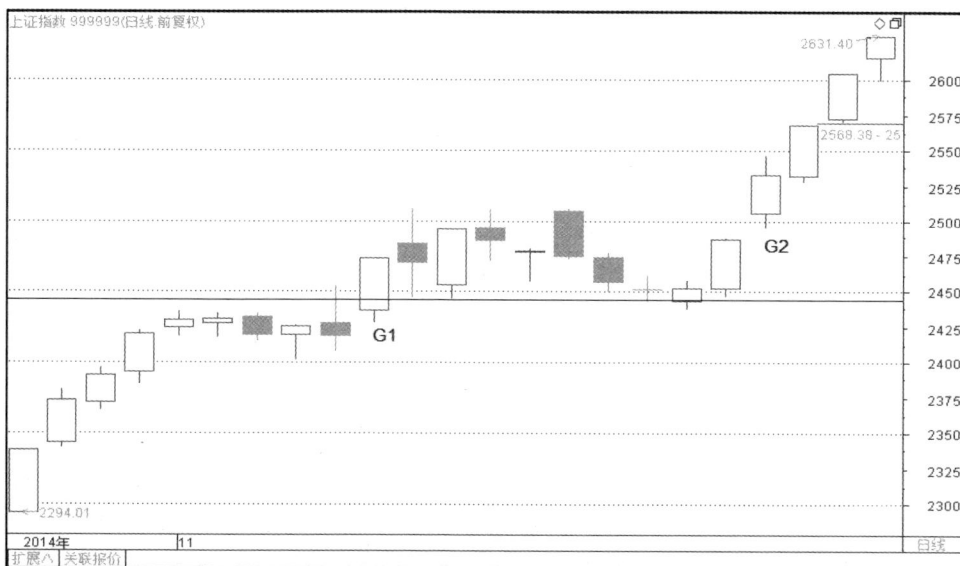

图 3-7　上证指数 2014 年 11 月 10 日和 11 月 24 日关键点示意图

图 3-8　上证指数 2014 年关键点突破后走势图

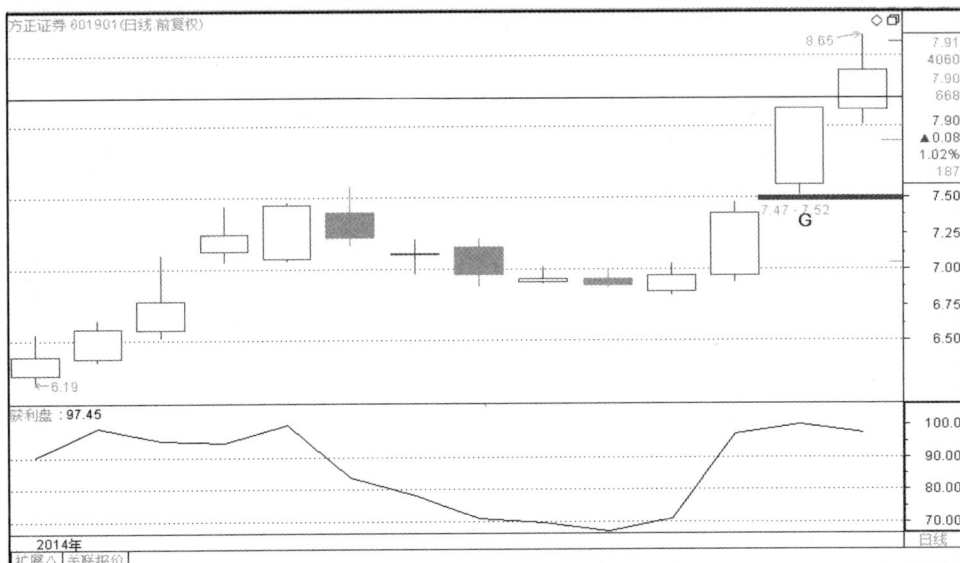

图 3-9 方正证券 2014 年 11 月 24 日涨停关键点示意图

图 3-10 方正证券 2014 年关键点突破后走势图

第三节 风险管理

交易的最核心部分是积极的风险管理。

——戴若·顾比《市场交易策略》

利润总是能够自己照顾自己，而亏损则永远不会自动了结。

——杰西·利弗莫尔

投身市场多年以后，笔者认识到：百分之百准确的交易方法是不存在的（包括笔者），所谓的"交易圣杯"也是不存在的。世界上没有包你赚钱的方法、指标或交易系统。相信有交易经验的读者一定深有体会：当市场处于牛市时，多数交易方法都是有效的，而当市场处于熊市时，多数方法都会失效。因为市场中，不变的就是变化，而交易方法却是固定不变的，"以不变应万变"肯定会出问题的。如果认识不到这一点，迟早会付出代价的。

一旦方法失效，该如何处置亏损？如果盈利缩水，该如何保住利润？要想减少损失或保住利润，投资者唯一能做的自保方法就是积极的风险管理。

大家都知道，开车的人和坐车的人都需要系安全带。有关研究表明，汽车安全带作为乘员保护装置，可以减少 45% 左右的交通事故死亡率。但这些并没有引起很多人的重视，据统计，在国内，只有 68% 的人员乘坐机动车时会系上安全带。一个小小细节的疏忽，带来的可能是终身的遗憾。在股市，尤其如此。

金融市场不是阿里巴巴的藏宝洞，藏着金子等你来拿，也不是慈善机构，这里没有怜悯和同情，它更像是个屠宰场，每天都在等着新韭菜（新股民）进来任其宰割。如果没有有效的防护措施，就会有被

其宰割的可能。如何才能不被其宰割，或者割得（损失）少点？

想在股市中安全行驶，就需要系上一条安全带——止损线，对投资者来说，设置一条止损线是最简单也是最有效的风险管理措施，见图 3-11~图 3-13。为了你的资金安全，为了不受或少受伤害，请设置

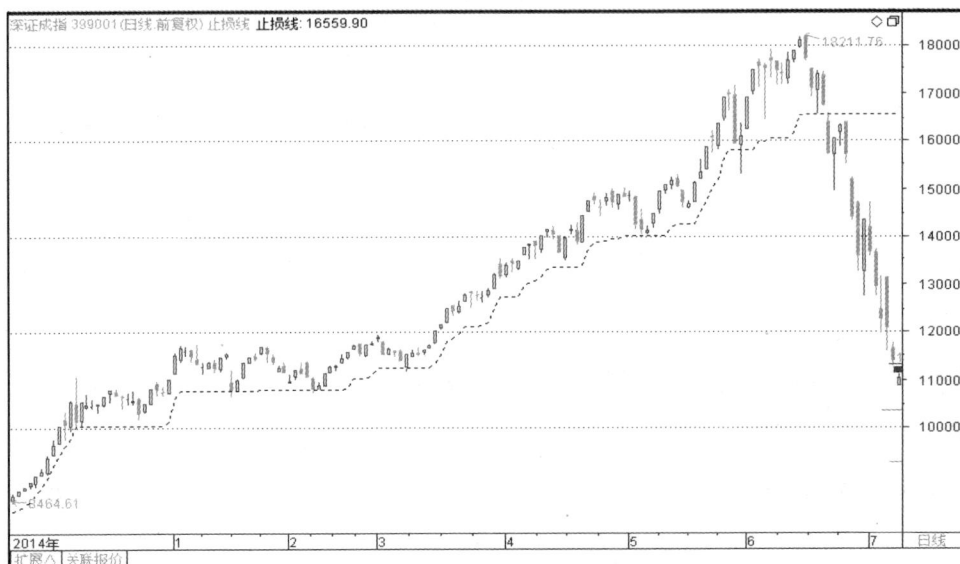

图 3-11　深证成指止损线示意图

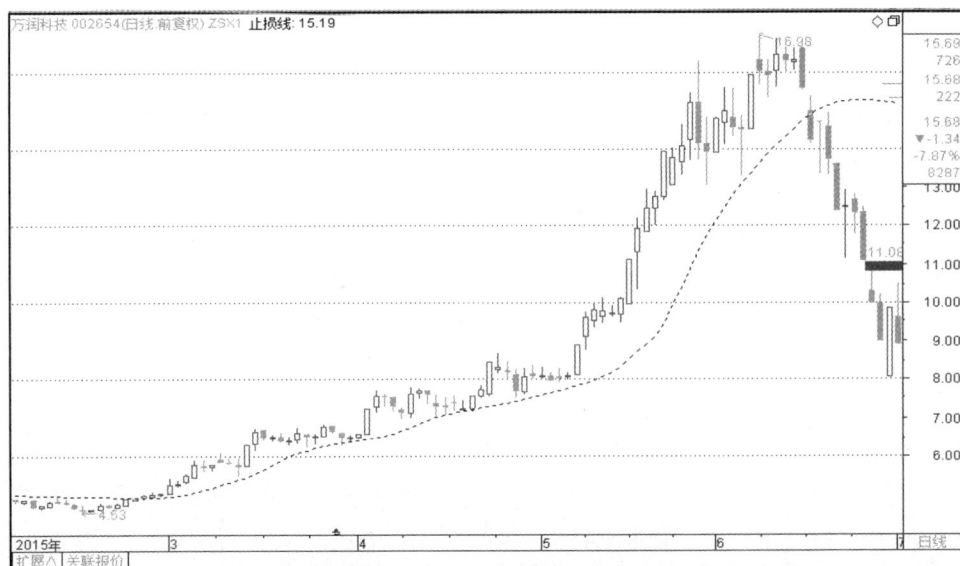

图 3-12　万润科技止损线示意图

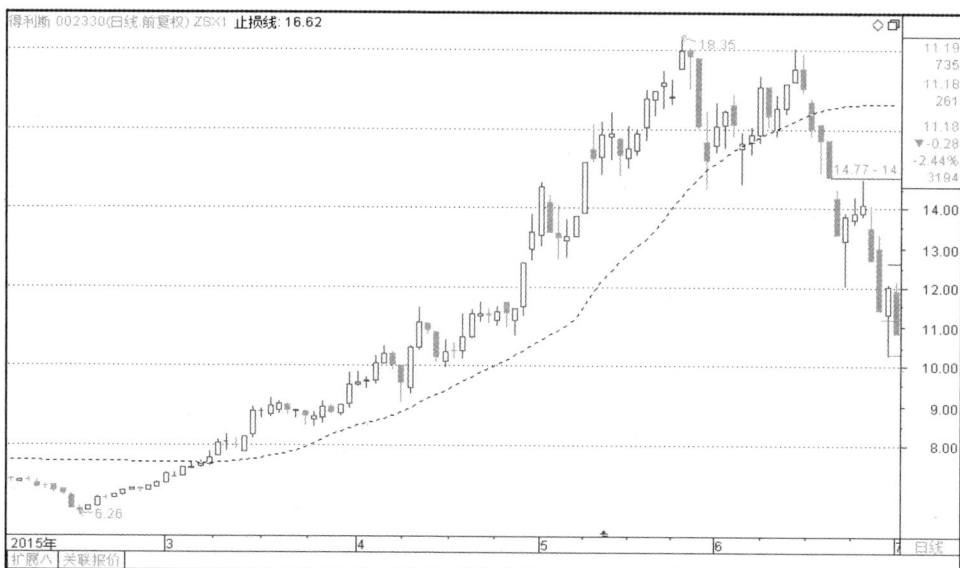

图 3-13　得利斯止损线示意图

止损线。

大盘止损线源码（通达信）：TR1：=MAX（MAX（(HIGH-LOW)，ABS（REF（CLOSE，1）-HIGH）），ABS（REF（CLOSE，1）-LOW））

ATR9：=EMA（TR1，22）

止损线：HHV（H-3*ATR9，22），COLORCYAN，DOTLINE

个股止损线源码（通达信）：

止损线：EMA（COST（81），10），COLORCYAN，DOTLINE

第四节　心理修炼

人的本性是投资者或投机者最大的敌人。

——杰西·利弗莫尔

从谂禅师：什么是道？

南泉禅师：平常心是道。

——《赵州禅师语录》

股市不仅是交易竞技的场所，也是心灵修炼的地方。它考验的不仅是投资者的技术分析能力，更考验人的心理承受能力。

在古人眼里，行、住、坐卧皆可修行，而交易作为现代社会的金融行为，同样也可视为一种修行方式。有道是：何处青山不道场？股市亦是修心地。投资者如果把股市当作修炼场所，把自己的心修炼好，收获的将不仅是财富，还有人生的智慧。可是每天面对各种消息、流言，面对红红绿绿不停跳动的数字，谁又能做到心静如止水？

运笔至此，笔者不由得想起一则禅宗公案。公案出自《六祖坛经》，《六祖坛经》中云：时有风吹幡动。一僧曰风动，一僧曰幡动。议论不已。六祖惠能进曰："非风动，非幡动，仁者心动。"

投资者每天盯着电脑屏幕，股价如心电图般起伏波动，心情随之发生变化是很自然的事，尤其当看到涨、跌、停这类极端走势，你的心跳、呼吸甚至都会改变，这说明走势影响了你的情绪，你的心境受到了外界的干扰，这就是"心动"。心随境转也是人性使然。但作为金融交易者，最好不要受这些外界因素的影响，因为价格并不受我们的控制，我们唯一能控制的是自己的心境。情绪一旦受到外界影响，正确判断事物的能力也会下降。投资者要想做到心不随境转就需要修炼，把自己修炼到见价格涨跌"如木人见花鸟"一般，那就算修炼到家了。

如何才能做到心不随境转？

对于交易者而言，最大的敌人不是市场，而是人本身。贪婪和恐惧是人性中所固有的劣根性，每个人都会有，只是被股市放大了而已，贪婪使人看不到风险，恐惧则让人失去机会。

佛教认为，人生之所以痛苦，是因为有贪、嗔、痴三毒的存在，贪让人永不知足，嗔让人产生恶，痴让人产生错误认知。因为有了贪、嗔、痴，所以才需要相应的破除之法，佛教称为"三无漏法"，即戒、定、慧，合称为三学。说通俗点，就是戒律、禅定、智慧。由戒生定，由定生慧。三者彼此关联，缺一不可。

"戒"是约束和规范，通过遵守"戒律"来约束自己的行为。在股市中，可以理解为制定一些交易规则，如熊市或下降趋势不进行交易，从而避免不必要的损失。"定"是指"定力"，面对世俗纷扰，面对股价波动，要有一种不被外界各种因素干扰的能力，所谓"内不乱为定"。而"定能生慧"，一旦拥有了定力（信念），智慧也就离你不远了。如此循序渐进，等功夫修炼到一定时日，心自然就不随境转了，到那时，除了能洞悉股市还能彻悟人生。

笔者经历过两次大熊市，对此深有体会，也就是从那时起，笔者开始接触佛教，对人生有了新的认识，股市的起起落落仿佛人生的轨迹，有高潮也有低谷，有的人落入低谷后重新启程，有的则从此泯然于世。熊市末期，经常能听闻有人自杀甚至杀人的消息，有的还是有头有脸的人物。

2015年中的暴跌，导致私募基金经理刘强自杀，走上了与他的偶像同样的一条不归路。他生前写的文章中，有这样一段话："其实投资的秘籍不在于巴菲特，也不在于索罗斯，更不在于利弗莫尔，而在我们自己的心中。为什么体会不到？因为我们的妄想执着蒙蔽了我们的佛性。试着让自己安静下来，体会一下自己的呼吸，静极生慧，就是这个道理。"笔者对此深表赞同。然而，他仍然以激烈的自戕方式结束了短暂的人生，唯一能解释的，就是心魔在作祟。由此可见，不管股市中人还是普通人，修心都是一门永无止境的功课。心魔不除，修行不止。

也许还有当局者迷吧！股市就像一个局，谁进入了就再难以脱身，成了它的俘虏，任其摆布。有人说，交易是与魔鬼签订的契约。也许只有离开股市，才能彻底摆脱魔鬼的纠缠。

"功夫在诗外"，股市亦如此。

不管是投资还是投机，输赢都是难免的，连大师们都不能幸免，何况我辈凡夫？输了从头再来，赢了也不忘回报家庭、回馈社会。我们学习的不仅是巴菲特·索罗斯的投资和投机理念，他们对慈善事业的贡献同样值得后人学习效仿。

投资应该是快乐的而非痛苦的，除了投资，还有家人、朋友需要我们关爱，别忘了投资是为了更好地生活。投资不是生活的全部，人生还有许多有意义的事值得去做。

最近，笔者看了瑞典导演伯格曼的代表作《野草莓》，影片讲述的是：垂暮之年的老教授回首往事，年轻时因忙于事业而错过了爱情，中年又忽略了家庭，晚年虽然功成名就却已失去很多，这样的人生又有多少意义呢？还好，老人最终得以幡然醒悟。家庭是最后的避风港，一个幸福的家庭是你坚强的后盾。笔者常常想，如果利弗莫尔有个幸福的家庭，也许他就不会选择那样的结局了。

人生的道路曲折而又漫长，不要急着低头赶路，而忽略了沿途的风景和身边陪伴的人。

最后附上一则禅宗公案，与君共勉。

禅宗公案：百年一梦

金山昙颖禅师，曾游京城，住在李端愿太尉家中。

有一天，太尉问他："请问禅师，人们常说的地狱，究竟是有还是无？"

昙颖禅师回答："诸佛如来说法，是向无中说有，虽有还无，好像眼见空华；太尉现在向有中觅无，是无中现有，如同手捞水月。可笑的是：眼前见牢狱不出，心外见天堂欲生。殊不知：欣喜与恐惧都源于心，天堂、地狱在一念之间，善恶皆可成境，太尉但了自心，自然无惑。"

太尉："心如何了？"

昙颖："善恶都莫思量。"

太尉："不思量后，心归何所？"

昙颖："心归无所，如《金刚经》云：'应无所住，而生其心。'"

太尉："人若死时，归于何处？"

昙颖："未知生，焉知死？"

太尉："生则我早已知晓。"

昙颖："请道一句，生从何来？"

太尉正沉思时，昙颖禅师用手直捣其胸曰："只在这里，思量个什么？"

太尉："明白了，只知贪程，不觉蹉跎。"

昙颖："百年一梦，今朝方省。"

太尉李端愿当下有悟，而说偈曰：

三十八岁，懵然无知；

及其有知，何异无知？

滔滔汴水，隐隐隋堤；

师其归矣，箭浪东驰。

下 篇

实 战 篇

实战案例

"'凡事豫则立，不豫则废'，没有事先的计划和准备，就不能获得战争的胜利。"

——毛泽东《论持久战》

魔鬼在细节里。

——现代建筑大师　密斯·凡·德罗

在股市中，投资者想要长期稳定地获利，必须具备三个必要条件：

（1）正确的交易思想；

（2）良好的交易习惯；

（3）完善的交易计划。

成功的投资者必须具备一套好的技术分析方法、一套完善的交易系统以及对交易计划的制订与执行。细致完善的分析可以帮助投资者做出更好的进场和出场时机的选择，这也是交易者唯一能控制的行为。在所有不好的交易习惯中，最坏的习惯是不执行交易计划，不按交易计划行事只会导致损失。

（1）制订一套完整的交易计划。一般来说，一个完整的交易计划

包括市场分析、入市离市、资金管理和风险控制等几个方面。

先说说市场分析，是指对大势的研究分析与判断。

股票交易是一项系统工程，并不像我们通常所说的一买一卖那么简单。交易者的眼睛不光要盯着个股，还需要观察大盘走势。有句歌词叫，"大海航行靠舵手"，大盘就是汪洋股海中的风向标，判断大盘走势是操作股票的重要一环，也是笔者核心交易法所强调的重点。可以说，研究不好大盘，也不可能操作好个股。总之，大势分析是为操作股票提供依据，良好的市场环境才具备可操作性。

入市，关注的是何时买卖。完整的交易系统必须要有入市信号，这些信号明确了进入市场买卖的价位和条件。投资者在进行系统设计时，要有入市的原则和依据。

离市，关注的是何时止盈出市。一套交易系统中要有明确的获利出市的原则，而不是见小利就跑。一般来说，可根据之前持有的获利单子的方向是否发生改变，也就是趋势是否反转来定，不要盲目追求卖在最高或买在最低。

资金管理，关注的是买卖多少，强调必须严格控制手中的资金，认真履行如下原则：①每次交易资金不要超过总资金的1/2；②所有的交易都要严格设定止损；③绝对不要加死码；④每次交易的风险回报比至少是1:3。

风险控制，关注的是何时止损出市。交易系统中，投资者要根据自己的交易风格，确定止损原则与策略。

（2）计划你的交易，交易你的计划。首先，根据对未来趋势的基本判断制订交易计划，其次是选择适合操作的个股进行交易。

（3）实践是检验真理的唯一标准。下面笔者将结合大盘走势对实战案例进行讲解。

第一节　美盛文化实战案例

自从 2013 年 6 月 4 日大盘跌破短期支撑线后，开始了 C 浪的主跌段，见图 4-1。

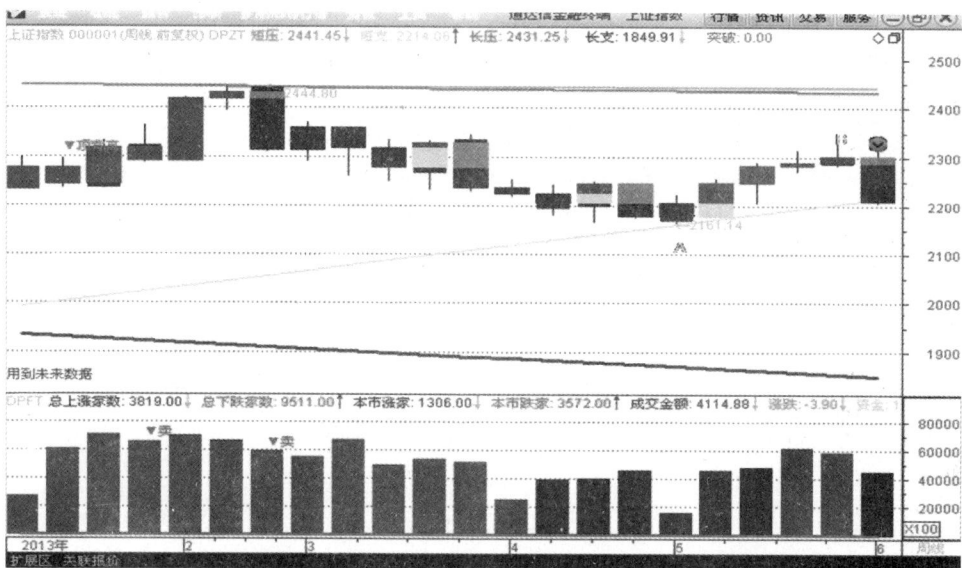

图 4-1　上证指数 2013 年 6 月 4 日跌破支撑示意图

在周线图上，见图 4-2，大盘跌破短期支撑线，下档支撑线为其可能的支撑位置，从 2444.80 点到 2161.14 点，为 A 浪下跌，从 2161.14 点到 B 点的 2334.33 点为 B 浪反弹，反弹结束后将开始 C 浪下跌，目标位在何处，目前尚不好判断，极限位应在主图中的长期支撑线附近。也就是说，C 浪很可能跌破去年创下的 1949 点低点。形势不可谓不险峻。

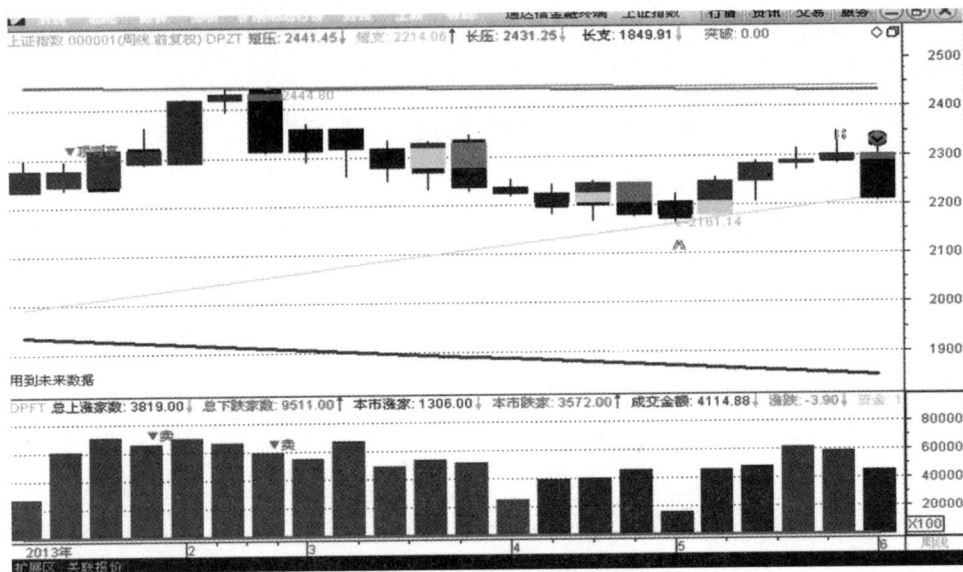

图 4-2　上证指数 2013 年 6 月 4 日跌破支撑示意图（周线）

　　虽然目前大盘走势不太理想，操作环境欠佳，但"沧海横流方显英雄本色"，我们可以寻找经得起大盘下跌考验的股票。万绿丛中一点红，笔者发现一些次新股走势良好，002699 美盛文化就是其中一只。美盛文化 2013 年 1 月至 6 月的日线图，见图 4-3。

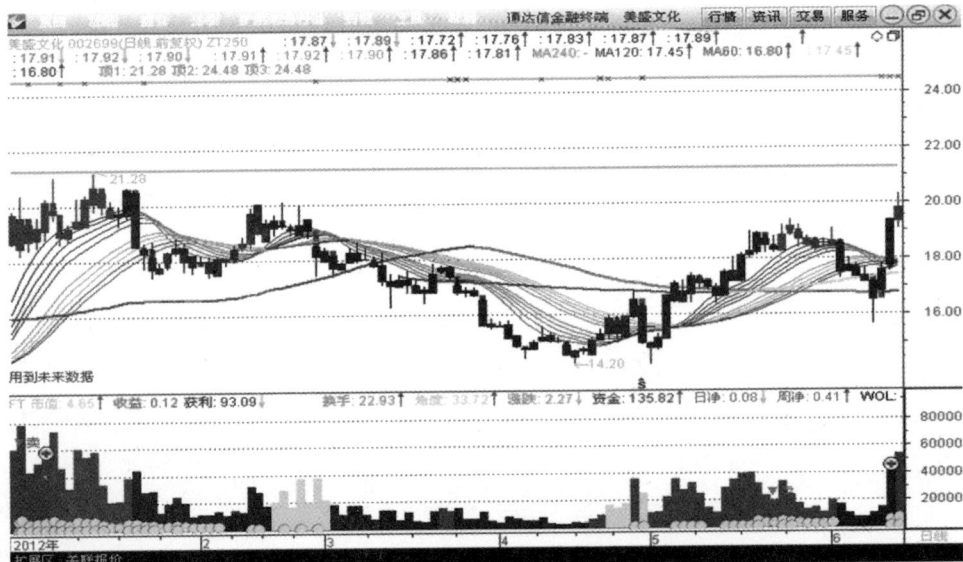

图 4-3　美盛文化 2013 年 1 月至 6 月日线图

目前美盛文化日线图上还未突破前期高点，但从量能上看，比前期有明显放大迹象，说明主力已经跃跃欲试，有启动迹象，其 120 分钟 K 线图也已发出买入信号，笔者于是以 1/3 仓位买入，见图 4-4。

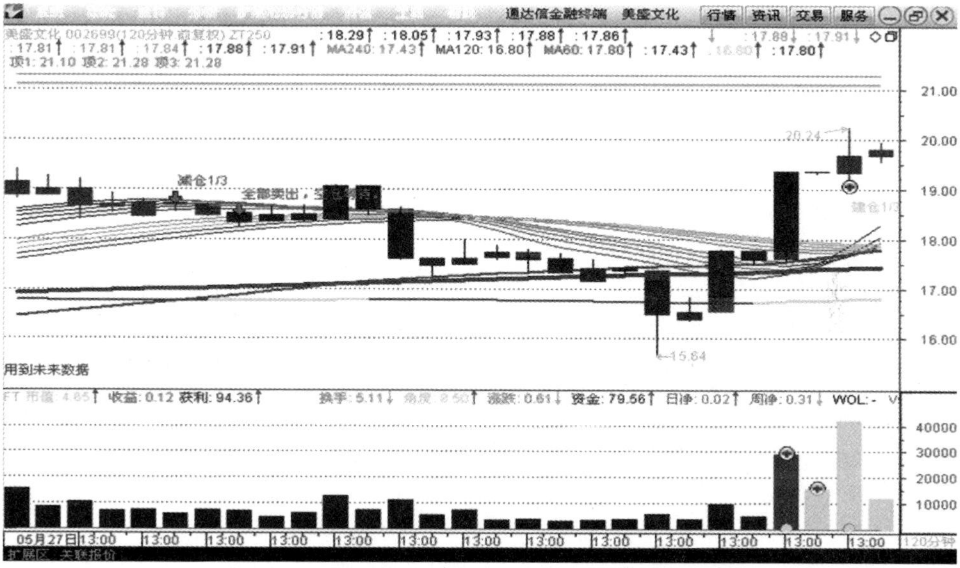

图 4-4　美盛文化 2013 年 6 月 18 日 120 分钟 K 线图

大盘自 2013 年 6 月 4 日起，连续跌破支撑线后，到 6 月 18 日，又连续几日收出带下影线 K 线，但未创出新低，短期呈横向震荡走势，有企稳迹象，见图 4-5。

2013 年 6 月 19 日，美盛文化股价小幅上涨，量能比昨日稍有萎缩，但还是放量状态，说明主力仍在收集筹码，见图 4-6。

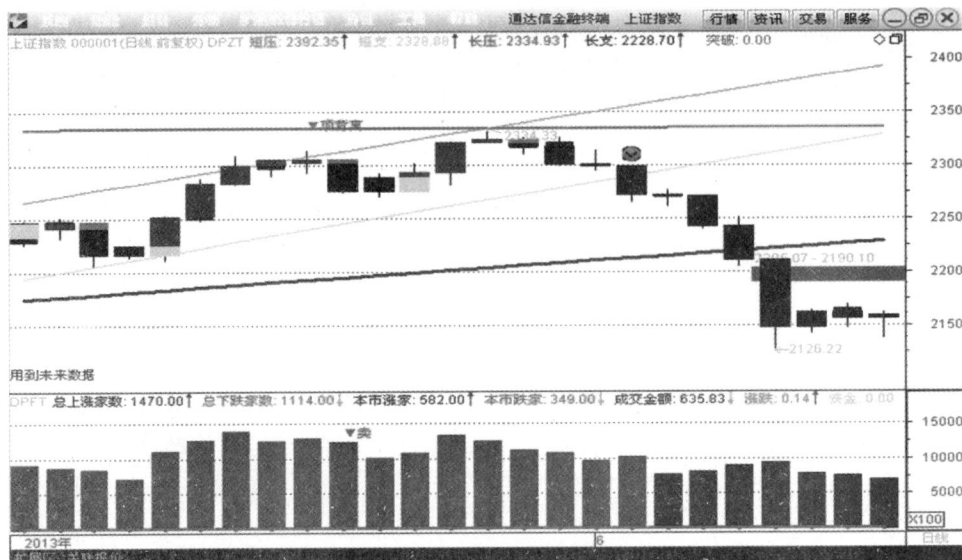

图 4-5 上证指数 2013 年 6 月连续跌破支撑线后的走势图

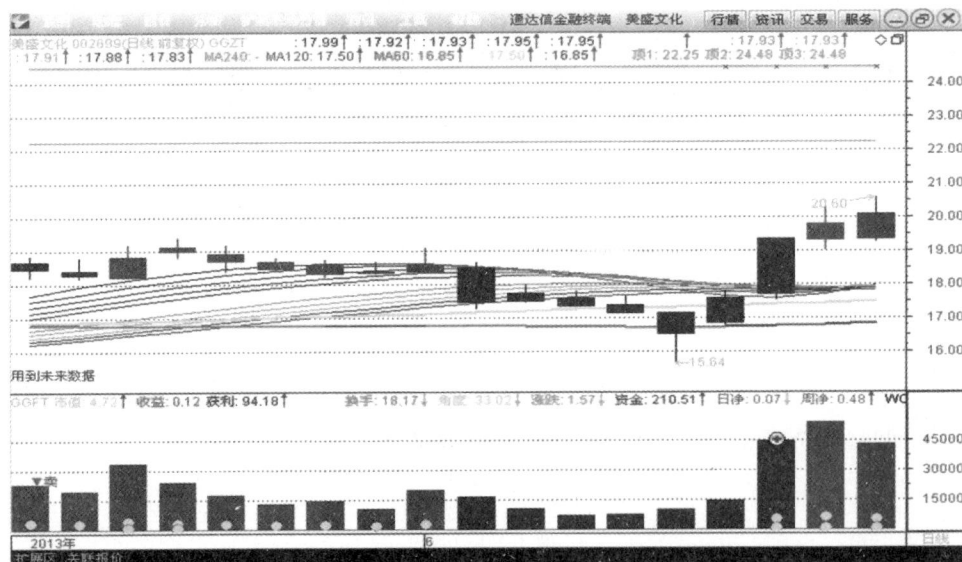

图 4-6 美盛文化 2013 年 5 月至 6 月 19 日走势图

2013 年 6 月 19 日大盘当日走势小幅下跌，重心下移且创出新低，大势仍然动荡，不排除继续创新低的可能，见图 4-7。

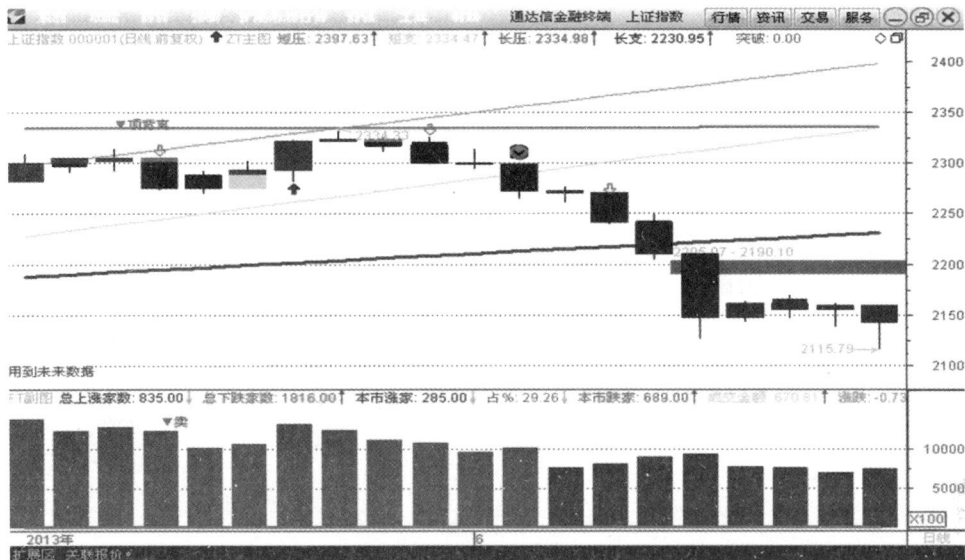

图 4-7　上证指数 2013 年 6 月 19 日创新低走势图

2013 年 6 月 20 日，在大盘大跌的情况下，美盛文化继续小幅上涨，试探前期高点，量能保持放量状态，说明主力边上攻边收集筹码，实力非同一般，见图 4-8。

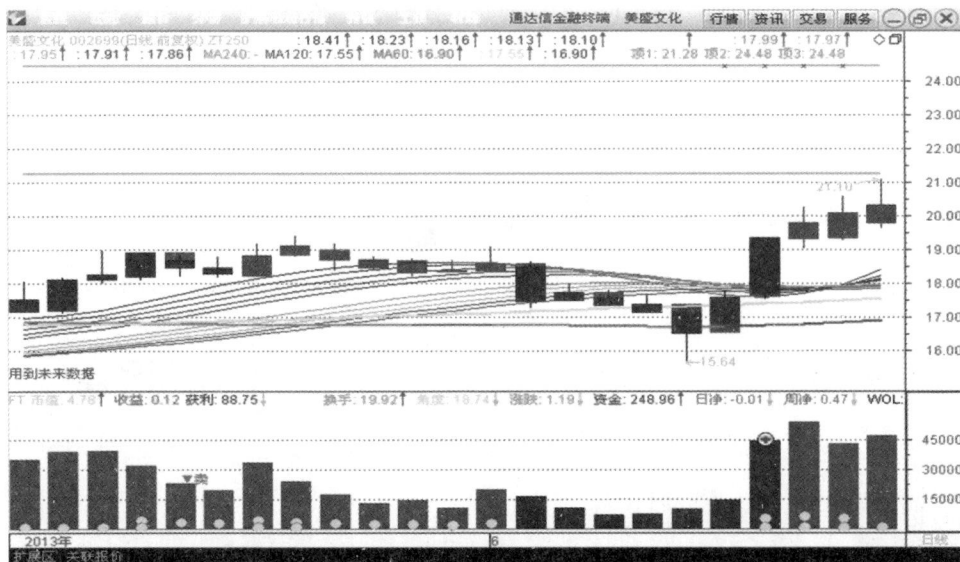

图 4-8　美盛文化 2013 年 5 至 6 月 20 日走势图

2013 年 6 月 20 日，大盘当日走势，大幅下跌，跌破短期整理平台，继续创出新低，与预期相符，见图 4-9。

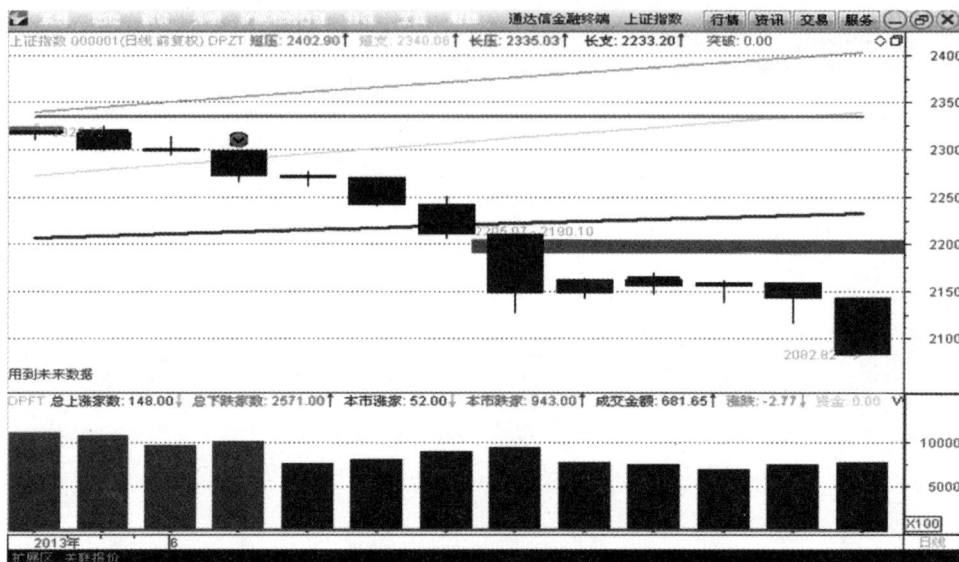

图 4-9　上证指数 2013 年 6 月 20 日跌破平台走势图

2013 年 6 月 21 日，大盘小幅下跌，连续创新低，但因低开高走，所以收出的是带下影的小阳线，是否企稳还需观察，见图 4-10。

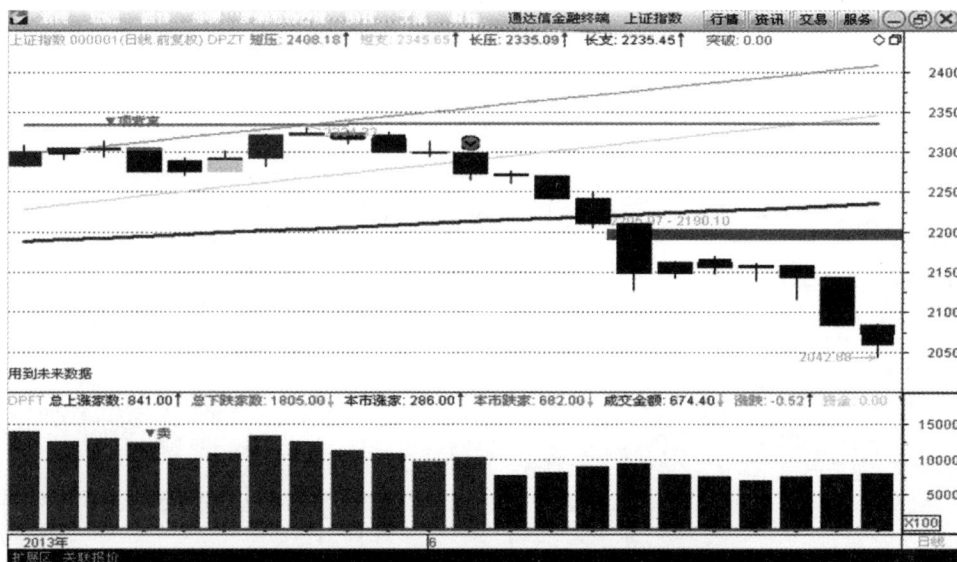

图 4-10　上证指数 2013 年 6 月 21 日连创新低走势图

2013 年 6 月 21 日大盘当日分时图呈现低开高走态势，可视为反弹走势，是否企稳还需进一步观察，见图 4-11。

图 4-11　上证指数 2013 年 6 月 21 日分时图

在大盘低开高走的情况下，笔者买入的美盛文化却大幅上涨，终于突破前期高点，此处可视为"关键点"。最初还有些担心大盘是否会影响个股走势，如今阳光灿烂，真是"守得云开见日出"。在股市里生存，不仅需要技术，还需要一份耐心，见图 4-12。

2013 年 6 月 24 日和 25 日，大盘连续两日暴跌，6 月 25 日走出单针探底，估计应是跌势尾声了，也说明下面的支撑还是有效的。不能说完全没有预料到，只是跌势如此迅猛还是有些超出预期。同时，这也正是一种下跌末期的表现，预示着大盘离见底为期不远了，见图 4-13。

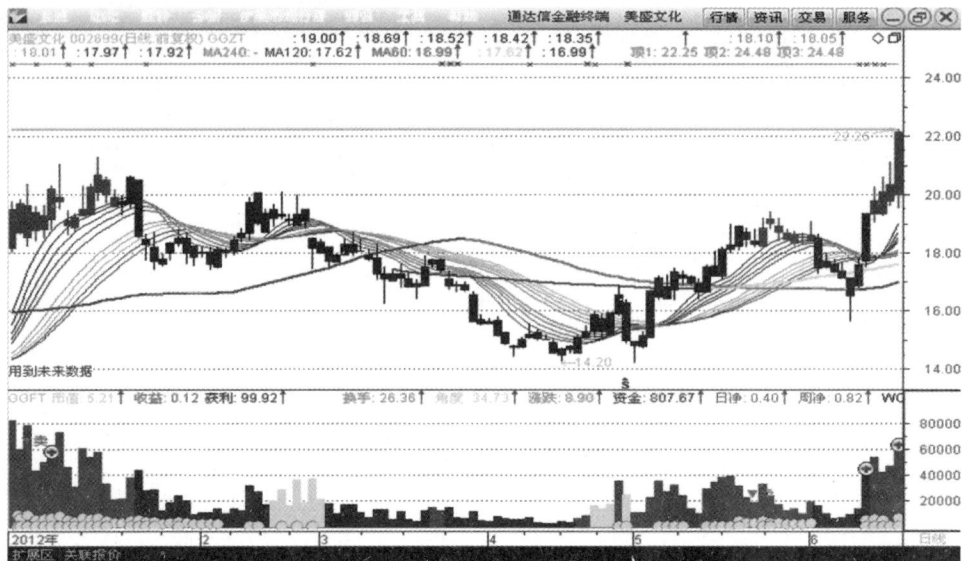

图4-12　美盛文化2013年6月21日关键点突破走势图

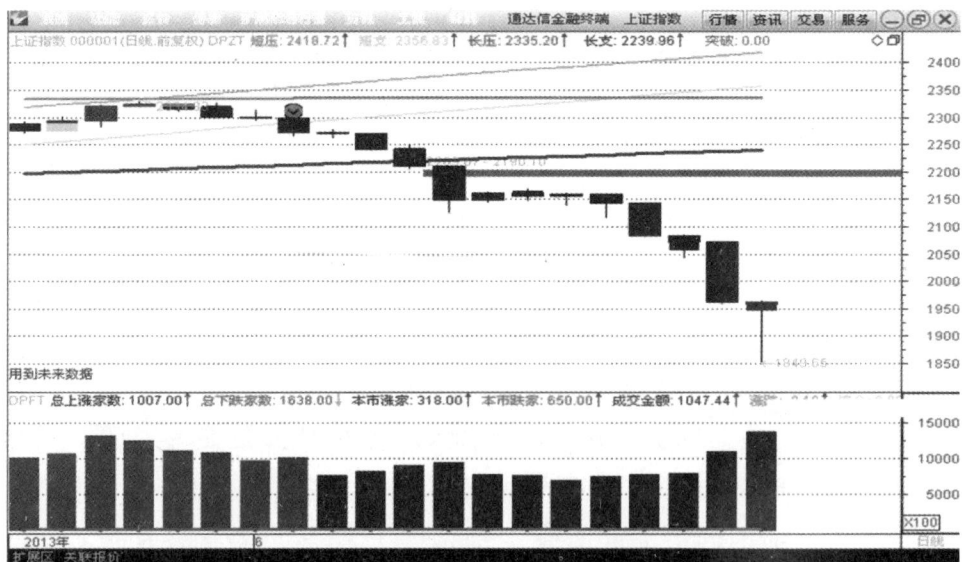

图4-13　上证指数2013年6月25日单针探底走势图

从周线图上看，大盘跌势已达极限位置，见图4-14。

在大盘暴跌影响下，美盛文化也出现回调走势，收出带长下影的十字星，不难看出主力有借大势洗盘之意。因股价仍维持在买价之上，未到止损位，故未卖出，见图4-15。

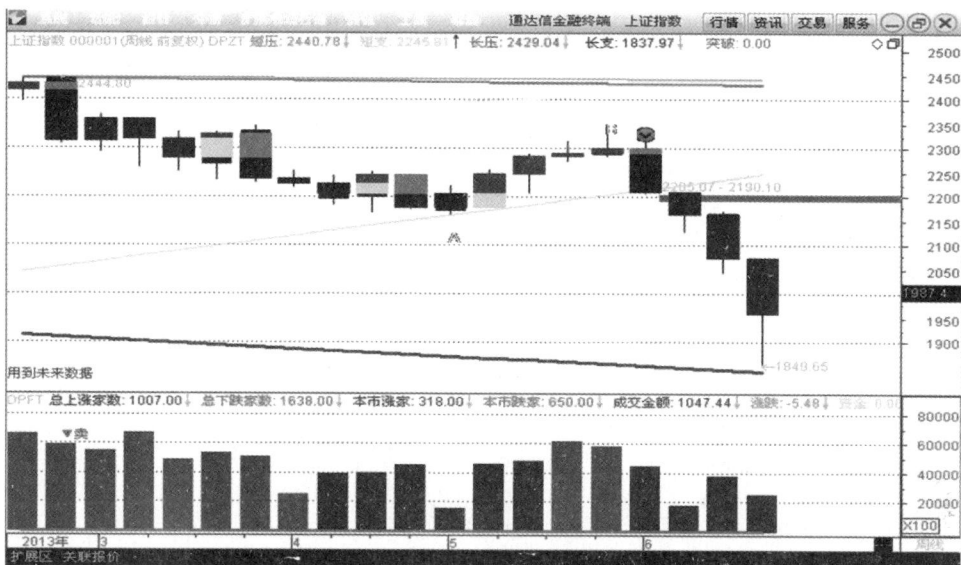

图 4-14　上证指数 2013 年 6 月 25 日连续下跌后走势图（周线）

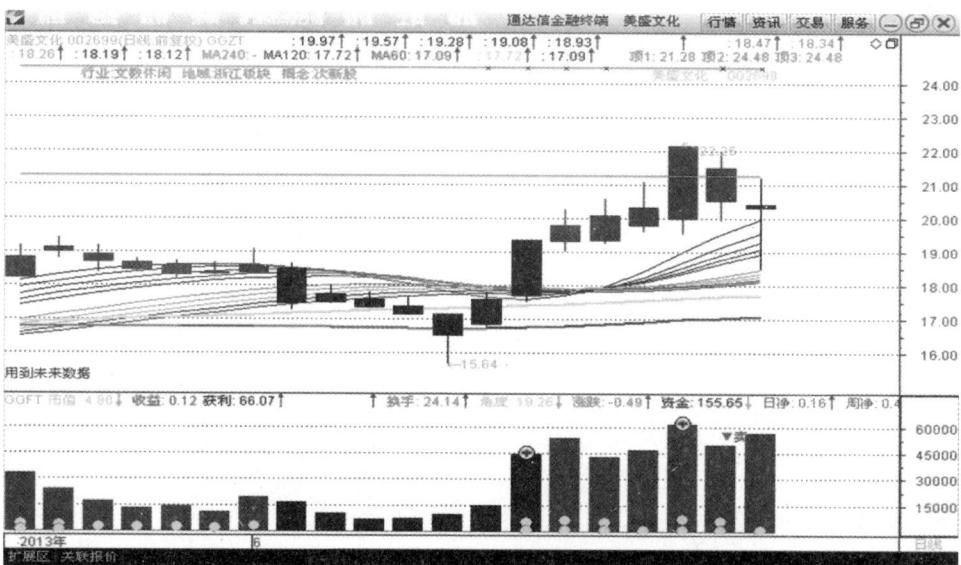

图 4-15　美盛文化 2013 年 5 月至 6 月 25 日走势图

2013 年 6 月 25 日午后，文化传媒类板块中的其他个股走势相当强劲，见图 4-16、图 4-17，当初买入美盛文化也是因为属于同一板块，运作板块的集团资金实力还是有保障的。既然主力仍在其中运作，就不必惊慌，继续坚守，与庄共舞。

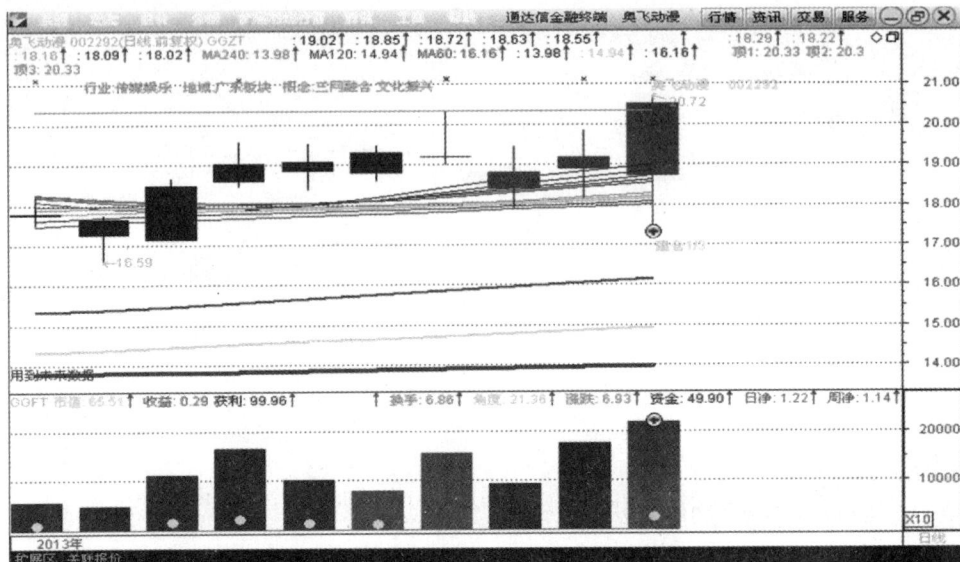

图4-16　奥飞动漫 2013 年 6 月 25 日走势图

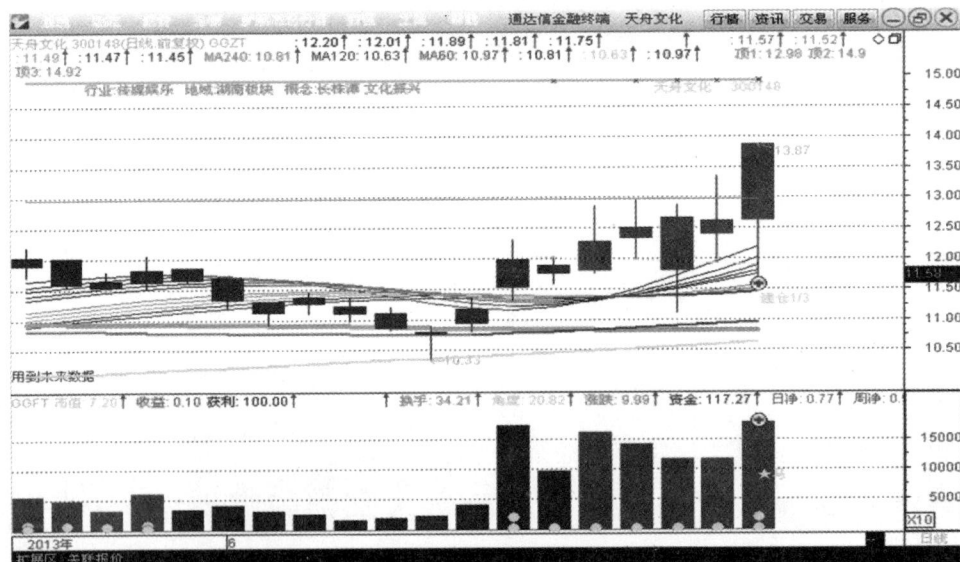

图4-17　天舟文化 2013 年 6 月 25 日走势图

2013 年 6 月 26 日，大盘收出一根带下影的小阴线，连续暴跌后有所止跌，见图4-18。

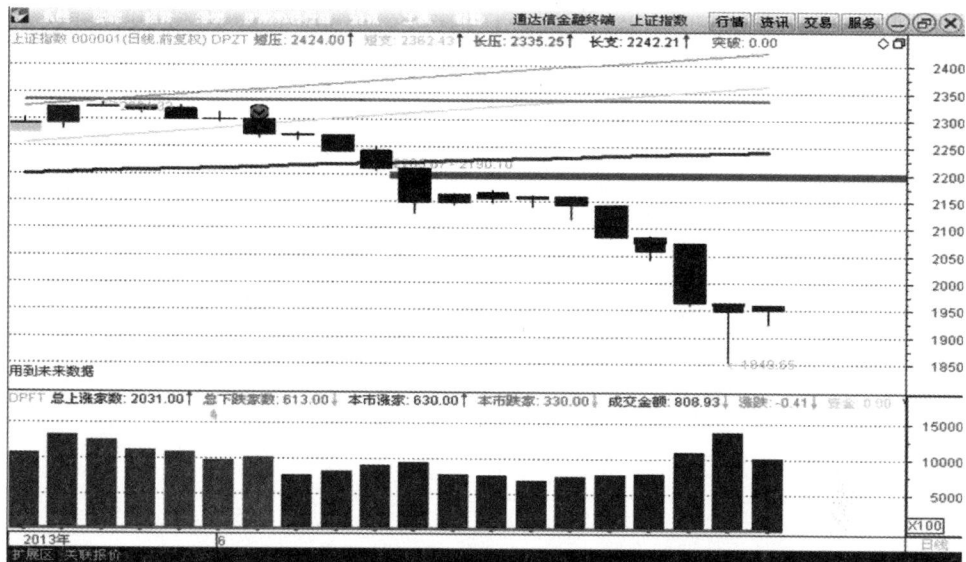

图 4-18　上证指数 2013 年 6 月 26 日走势图

　　在大盘动静不大的情况下，美盛文化表现不错，放量收出一根大阳线，这说明是主力主动出击，而非大盘带动，可继续加仓，持股待涨，见图 4-19。

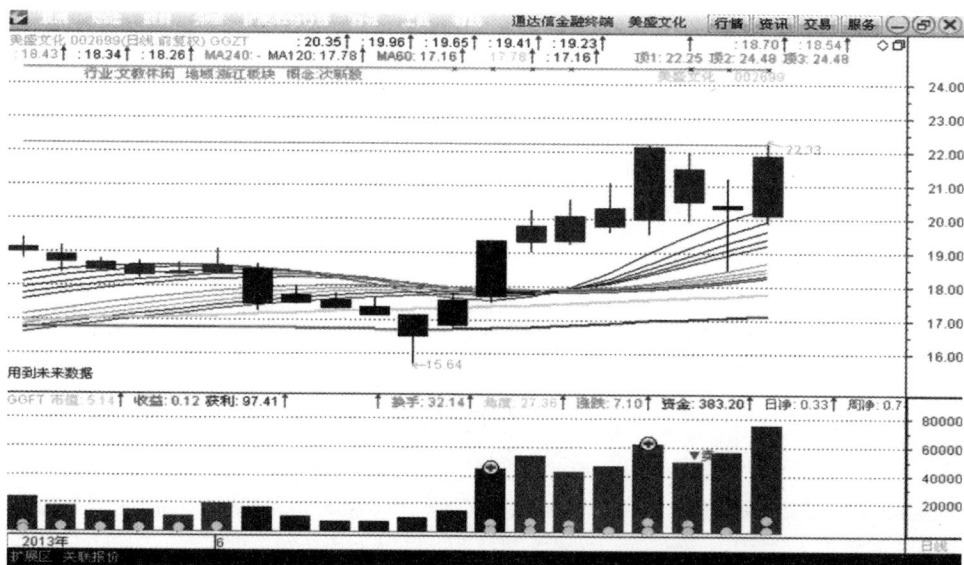

图 4-19　美盛文化 2013 年 5 月至 6 月 26 日走势图

　　文化传媒板块整体表现不俗，均有不同程度的涨幅，奥飞动漫、百视通更是以涨停报收，见图4-20、图4-21。

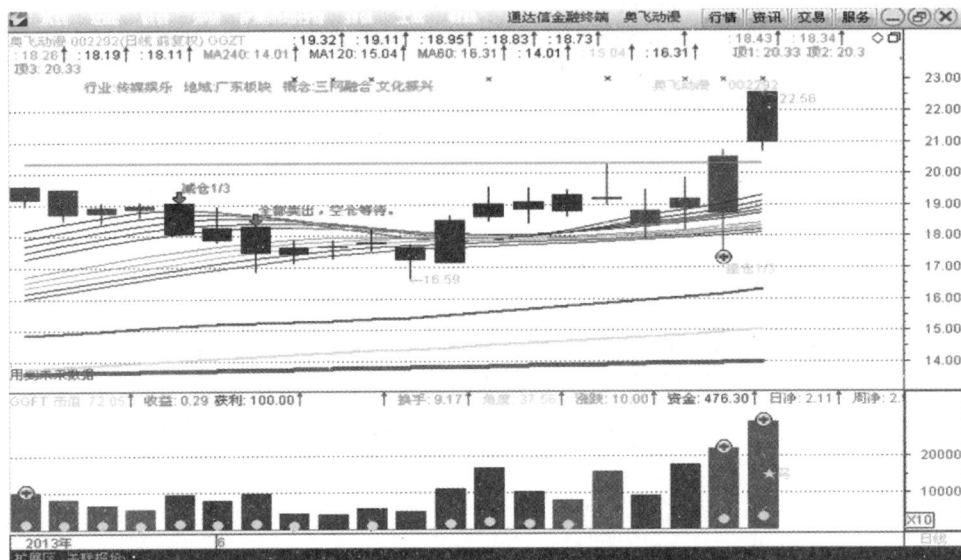

图4-20　奥飞动漫2013年6月26日走势图

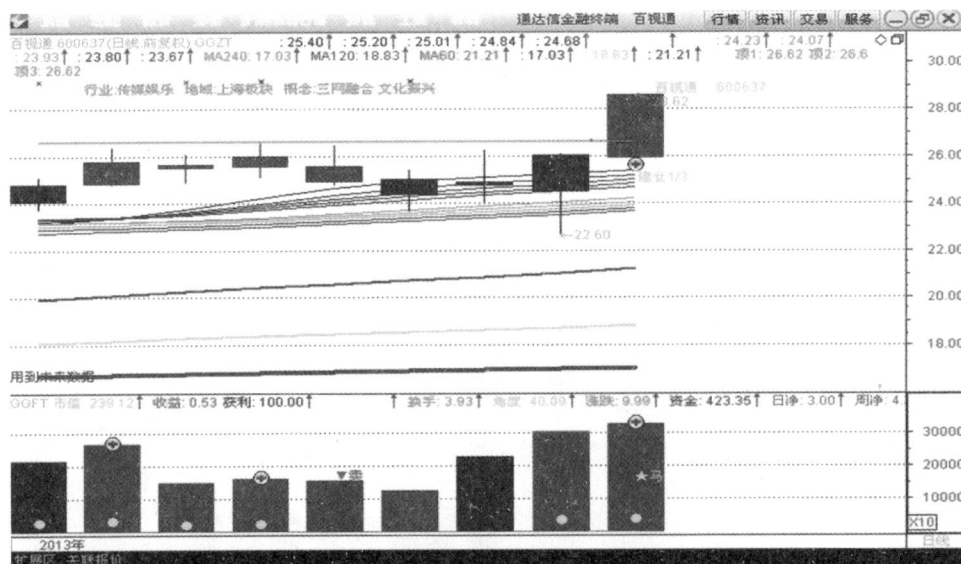

图4-21　百视通2013年6月26日走势图

2013 年 6 月 27 日，美盛文化表现堪称完美，开盘不到半小时即封涨停，开始进入快速拉升阶段，此处也可视为又一次关键点的突破，见图 4-22。

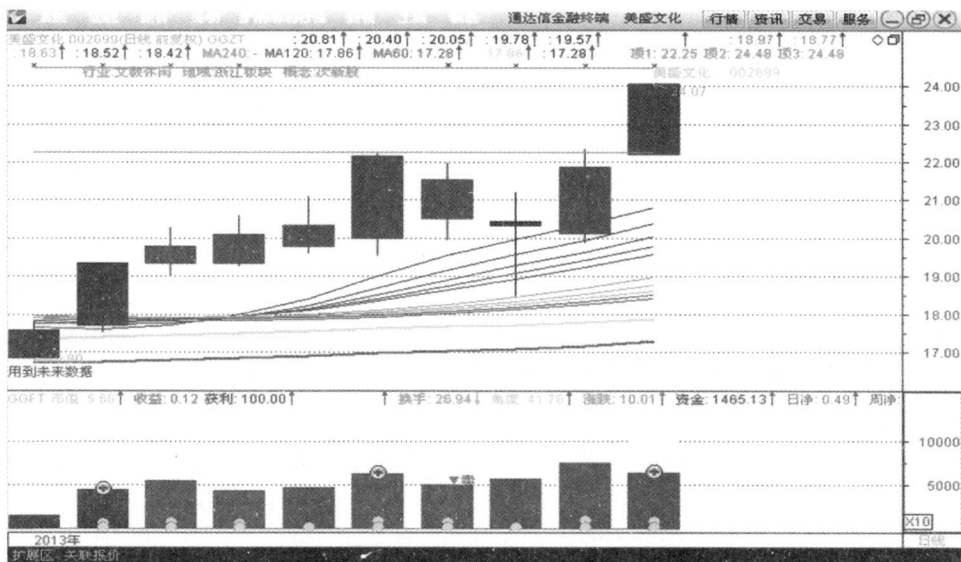

图 4-22 美盛文化 2013 年 6 月 27 日走势图

2013 年 6 月 27 日美盛文化当日分时图，开盘后经多波攻击封于涨停，早盘封板，封板时间理想，分时量能配合良好，上涨态度坚决，见图 4-23。虽然午后涨停被打开过一次，但时间较短，说明庄家无意让场外资金大量介入，更多地是想让坐轿的场内资金离场，可视为诱空洗盘，至终盘涨停再未打开，见图 4-24。

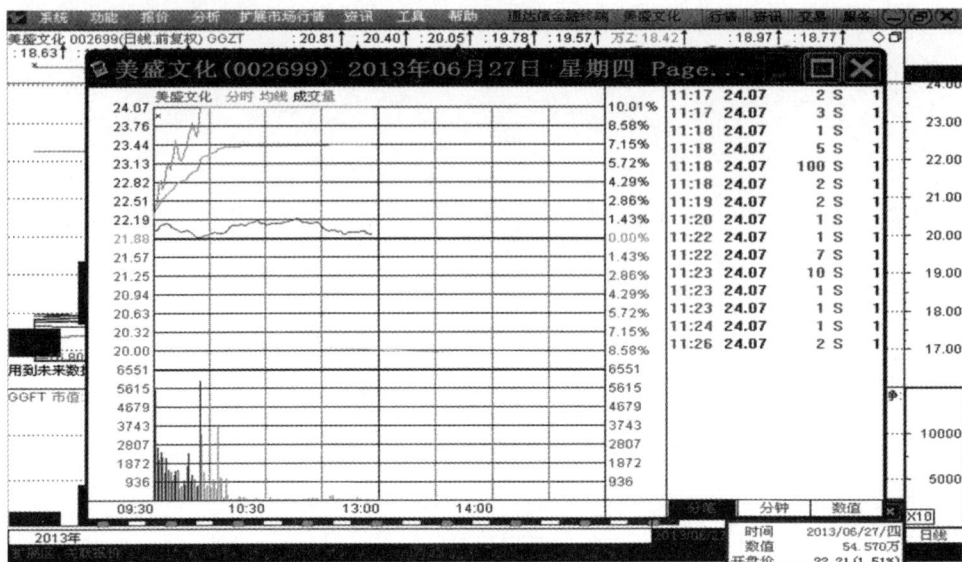

图 4-23　美盛文化 2013 年 6 月 27 日早盘涨停分时图

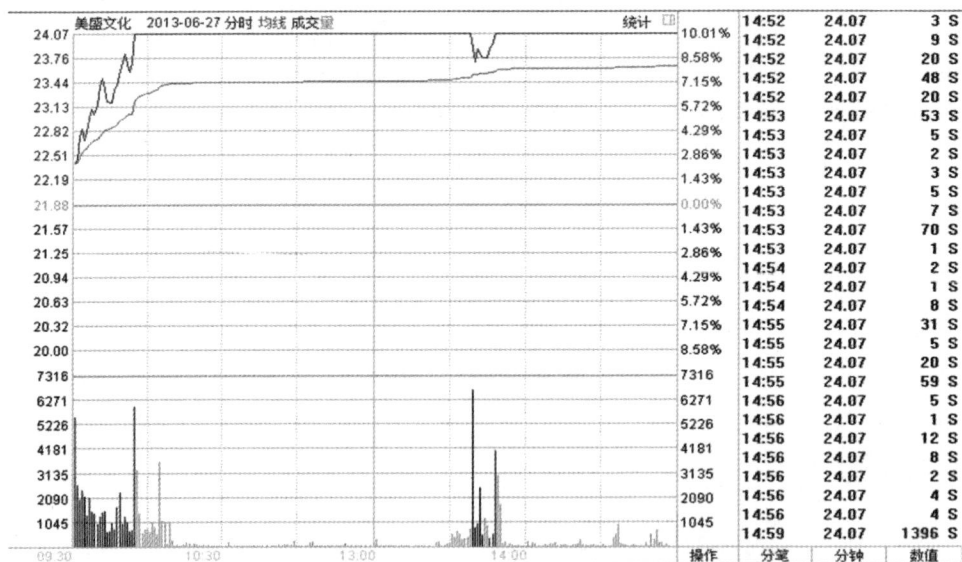

图 4-24　美盛文化 2013 年 6 月 27 日午后开板再次封停分时图

2013 年 6 月 27 日，大盘当日收出一根阴十字星，走势平稳，有止跌企稳可能，见图 4-25。

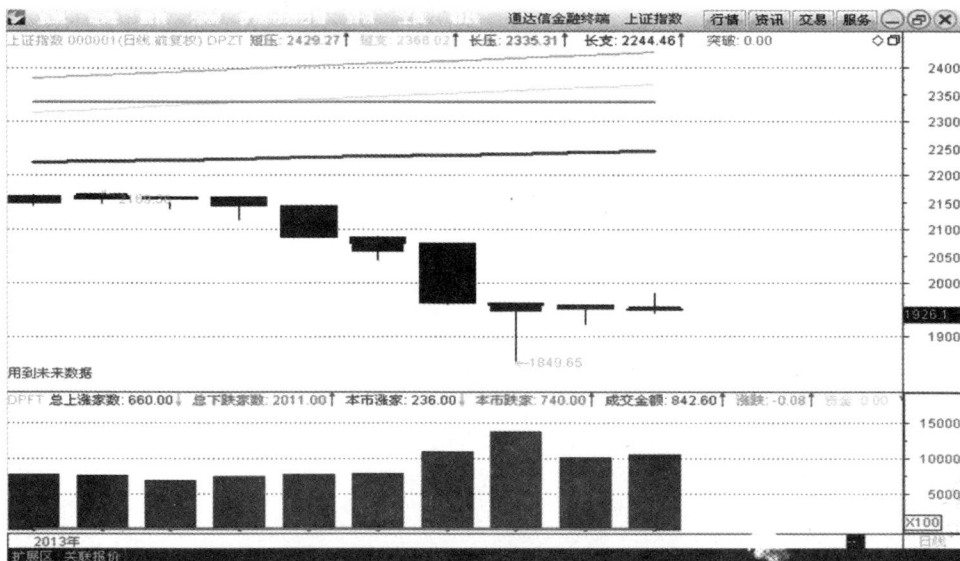

图 4-25　上证指数 2013 年 6 月 27 日走势图

2013 年 6 月 28 日，大盘先抑后扬，最终收出一根阳线，大盘终于上涨，见图 4-26。

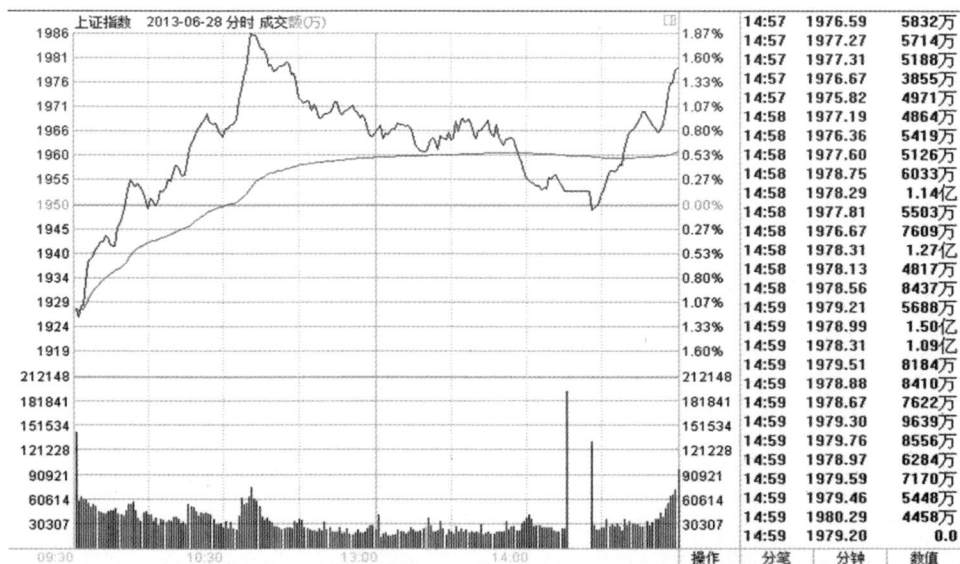

图 4-26　上证指数 2013 年 6 月 28 日分时图

然而，在大盘上涨的情况下，美盛文化却出现大幅回调，跌幅达

8.6%，昨天涨停，今天大跌，主力意欲何为？笔者认为，清除一些获利盘和前期高点（上市首日）的套牢盘，可以为后面的拉升减少抛压。因此，笔者决定继续持股观望，见图4-27。

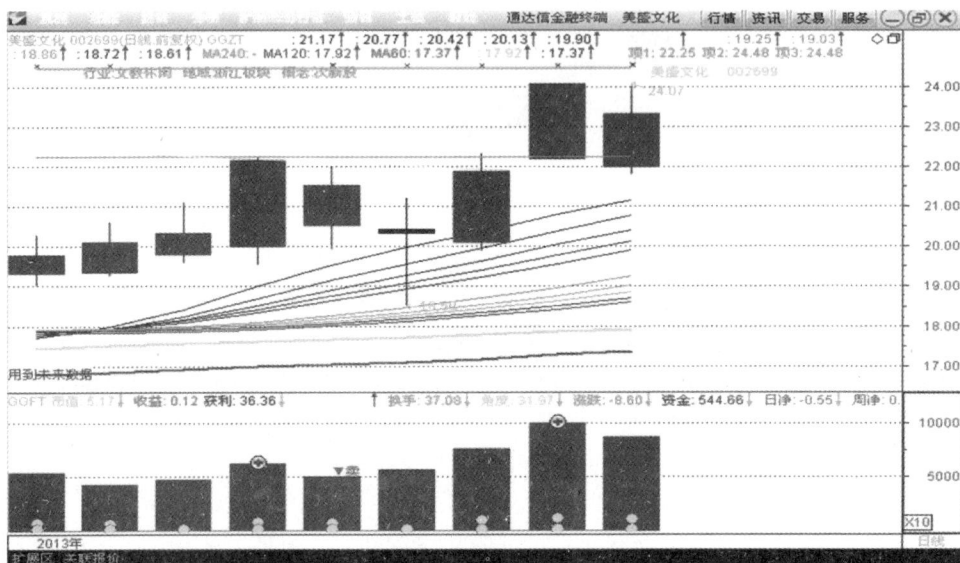

图4-27　美盛文化2013年6月28日走势图

2013年6月28日，美盛文化当日分时图，见图4-28。

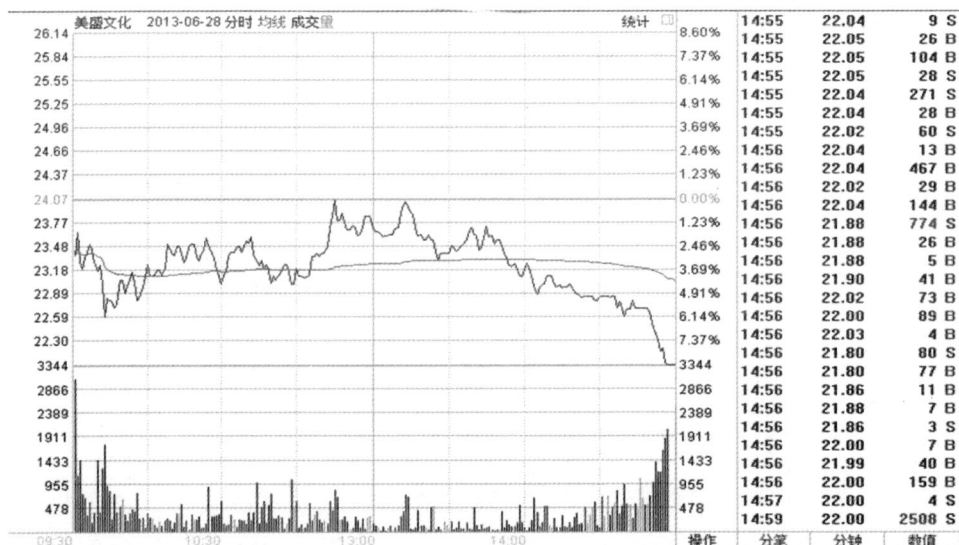

图4-28　美盛文化2013年6月28日分时图

美盛文化上市走势全景图，股价距离上市首日创下的最高点仅一步之遥，见图 4-29。

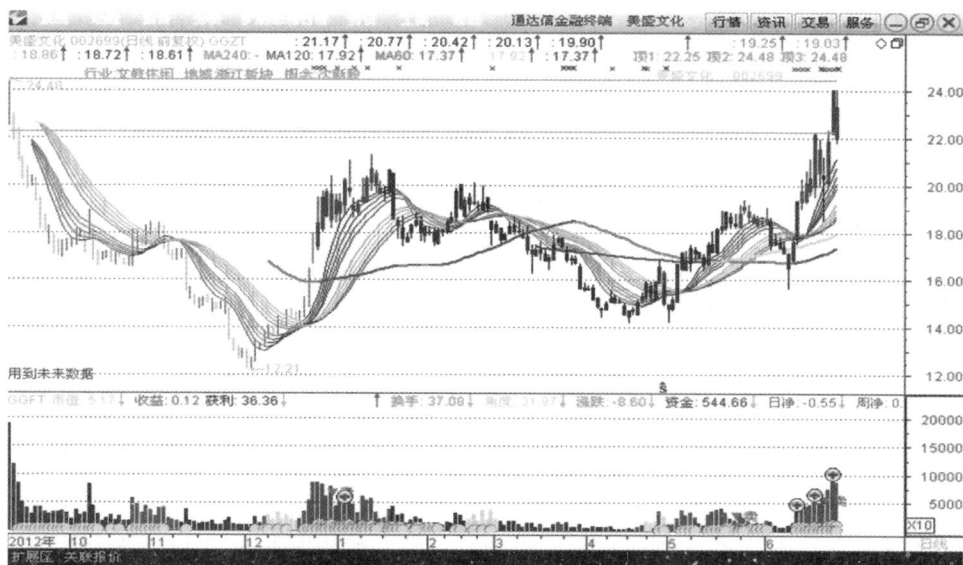

图 4-29　美盛文化上市至今走势全景图

同板块的浙报传媒以涨停报收，表现强于美盛文化，有龙头股风范，见图 4-30。

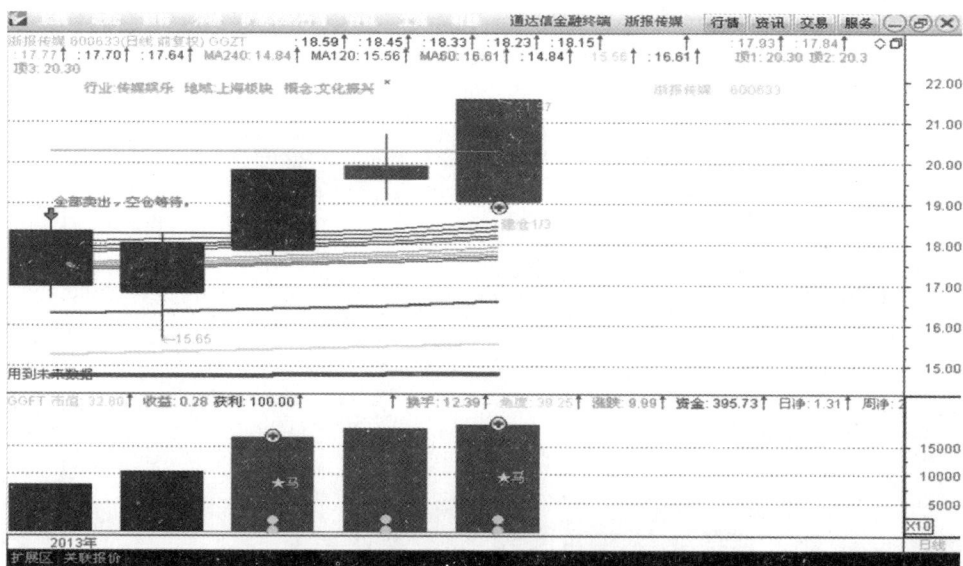

图 4-30　浙报传媒 2013 年 6 月 28 日涨停走势图

2013 年 7 月 1 日（周一），美盛文化高开后，依托均价线的支撑向上攻击，拉升虽然不快但有节律，开盘不到一小时便封住涨停，由此确认上周五的大跌为主力洗盘行为，见图 4-31。

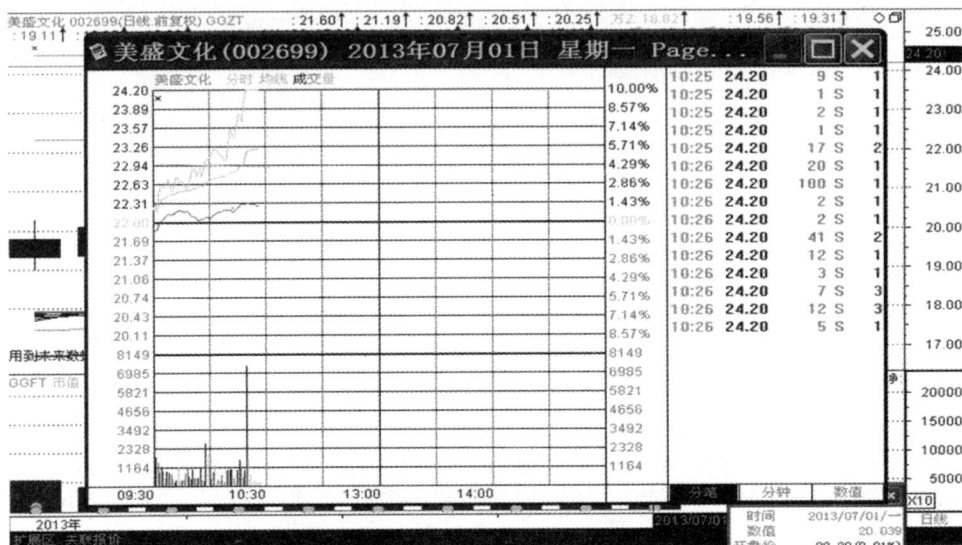

图 4-31　美盛文化 2013 年 7 月 1 日早盘涨停分时图

从日线图上看为阳包阴，成交量有所萎缩，惜筹迹象明显，突破历史高点在即，继续持股，见图 4-32。

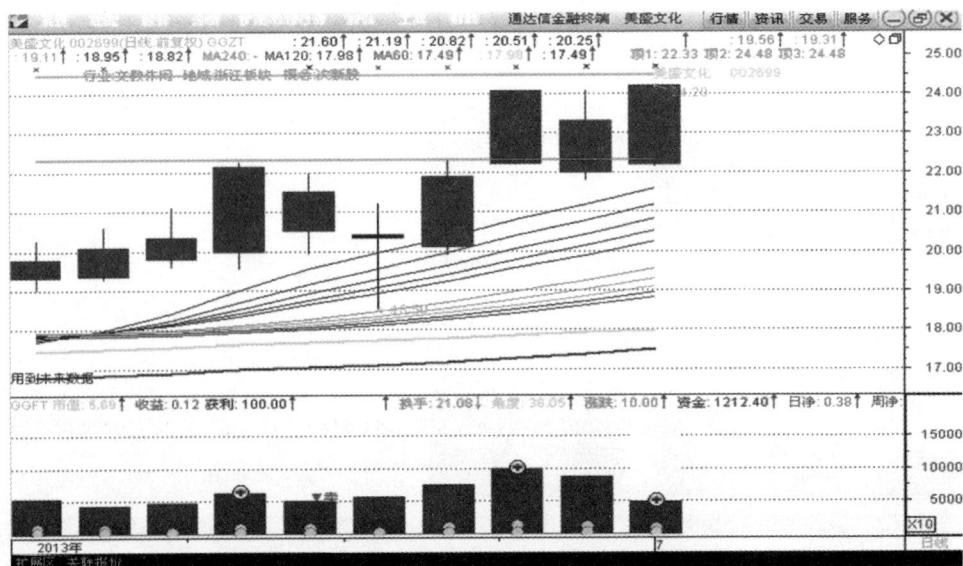

图 4-32　美盛文化 2013 年 7 月 1 日涨停走势图

同板块的浙报传媒也以涨停报收，群庄协同作用明显，见图 4-33、图 4-34。

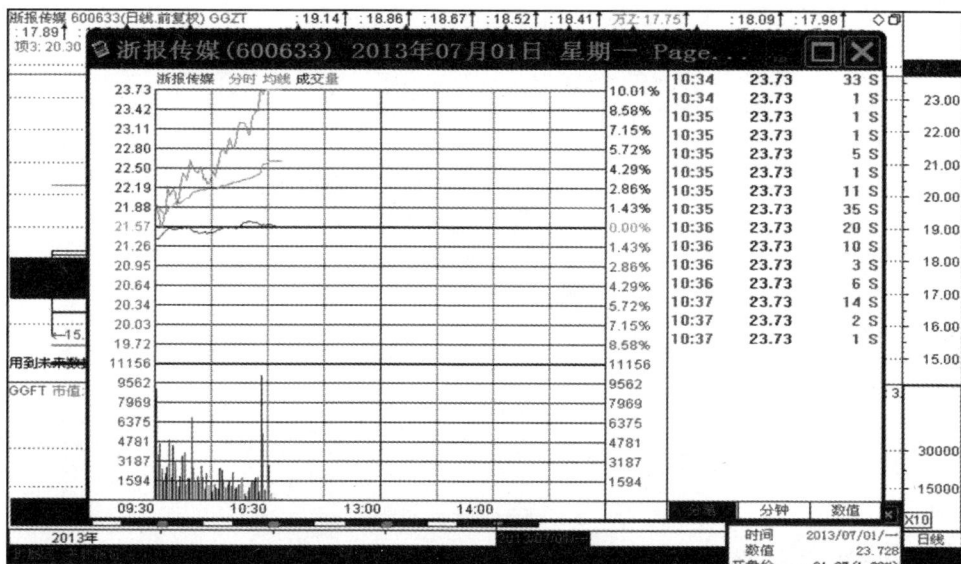

图 4-33　浙报传媒 2013 年 7 月 1 日早盘涨停分时图

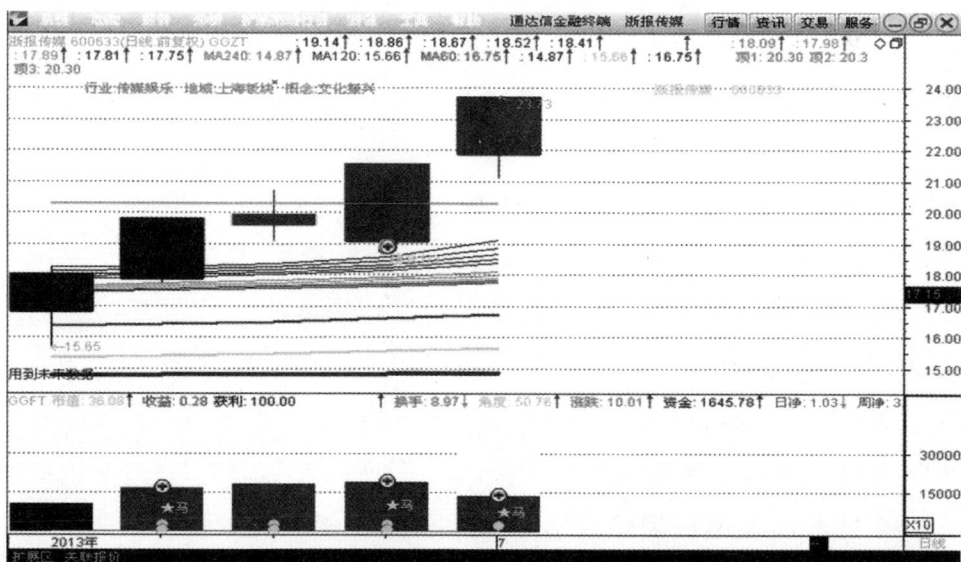

图 4-34　浙报传媒 2013 年 7 月 1 日涨停走势图

2013 年 7 月 2 日，美盛文化以跳空高开方式创出历史新高，并放

出近日最大量，主力进行筹码高位换手，不排除有部分减仓行为，在股价不断创出新高的情况下，决定暂时持股，静观其变，但要做好离场准备，见图4-35。

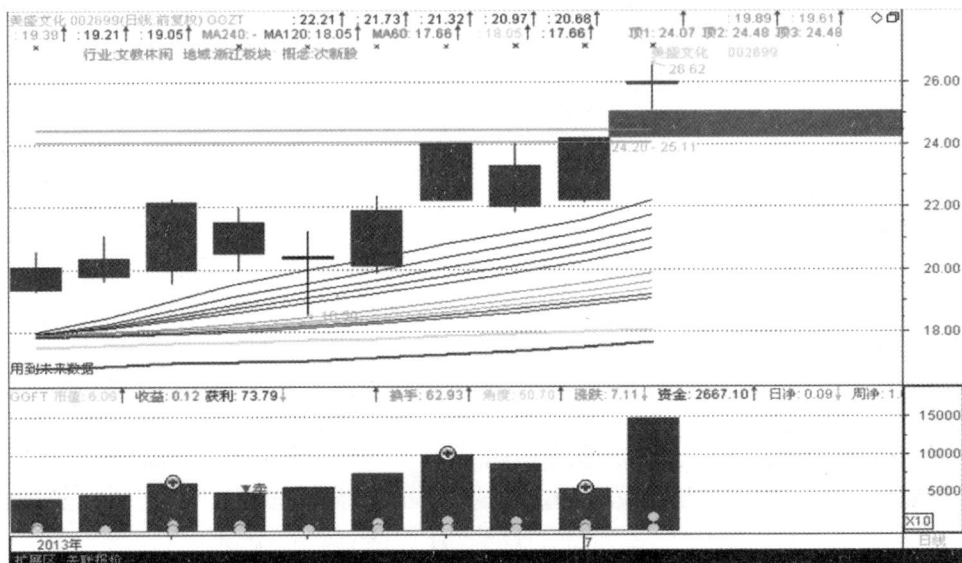

图4-35　美盛文化2013年7月2日走势图

从上市首日至今的全景图看，美盛文化整个形态非常漂亮完美，就像一件艺术品，这是主力资金实力和操盘技巧的综合体现，投资者需要寻找的就是这类形态漂亮的股票，见图4-36。

2013年7月2日收盘后，一条新闻映入眼帘：

美盛文化（002699）涉足动漫，拟控股缔顺科技。以下是全景网的文章内容：

美盛文化（002699）周一晚间发布公告，对"公司进军动漫制作、网络游戏产业"的传闻进行澄清。

美盛文化表示，2013年2月，公司和浙江缔顺科技有限公司（简称"缔顺科技"）部分原有股东以及杭州浩康创业投资有限公司、杭州泰邦创业投资有限公司、杭州市拱墅区经济发展投资有限公司分别签署股权受让和增资协议，公司合计共出资1980万元受让股权及增资。

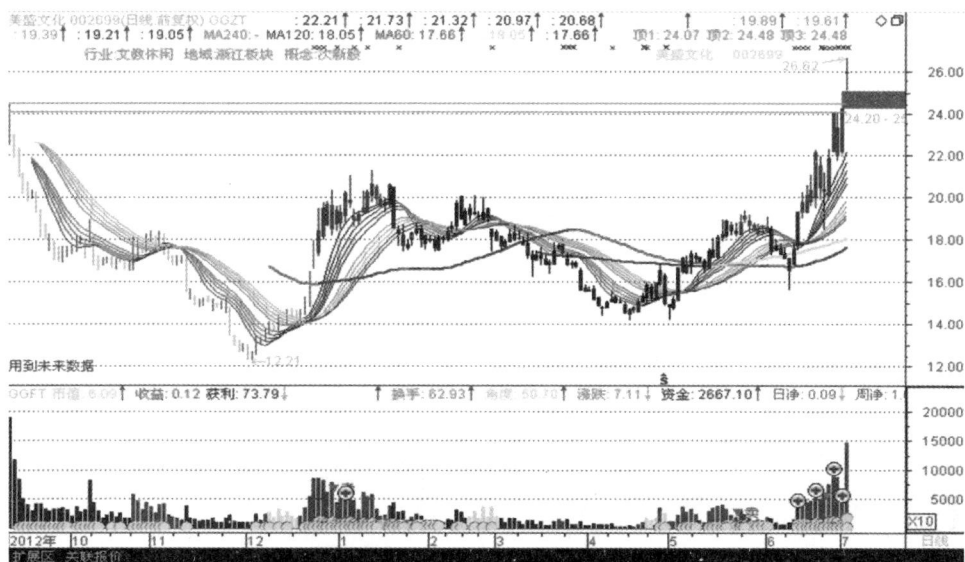

图 4-36　美盛文化创出新高全景走势图

目前增资还在进行中，预计 7 月份完成。全部完成后，公司将持有缔顺科技 51%的股权，成为其实际控制人。

公司称，收购缔顺科技是立足动漫服饰产业的基础，在上、下游进行战略发展，是包括动漫形象原创、建立国外市场渠道、开拓国内市场等战略的一部分，对于完善公司产业链和进行产业转型升级都具有积极的意义。

原来如此，难怪股价噌噌地往上涨，这又是一出庄家与上市公司合演的好戏。而笔者并不知道内幕，买卖依据纯粹是根据 K 线走势图，凭借自己所掌握的技术在分析、在操作。可见，不知道内幕一样可以做好股票赚到钱。当然，前提是你要掌握赚钱必备的技能以及良好的心态，这些都需要多年的积累和刻苦专研，没有谁可以随随便便成功。

2013 年 7 月 3 日（周三），美盛文化表现依然强势，收出带上影的大阳线，继续创出新高，第三主升浪的迹象非常明显，我们要做的就是这样的股票，继续持股待涨，见图 4-37。

第四章 实战案例

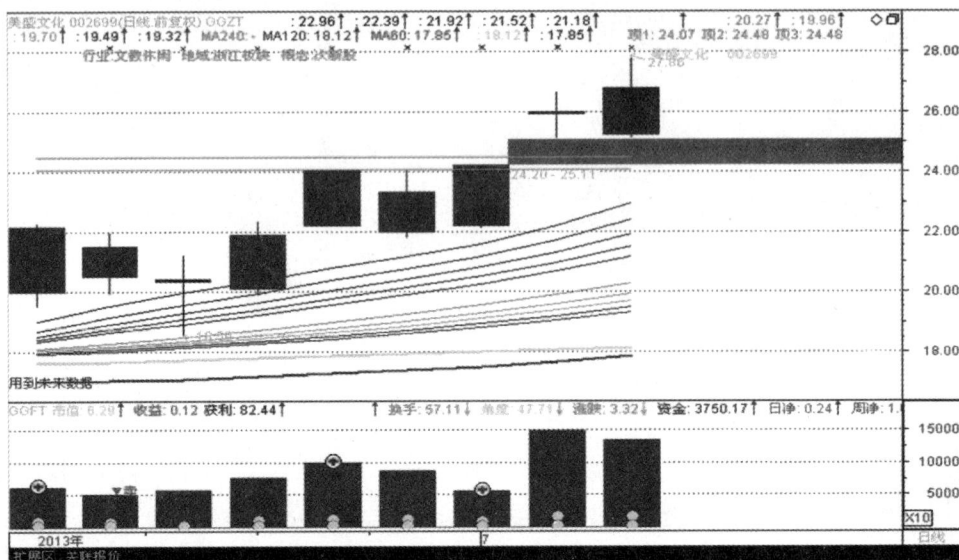

图 4-37　美盛文化 2013 年 7 月 3 日走势图

浙报传媒更是以涨停报收，从涨幅来看，浙报传媒是主板游戏概念股的正龙头，美盛文化是副龙头。

两只龙头轮流引领板块，非常精彩，见图 4-38。

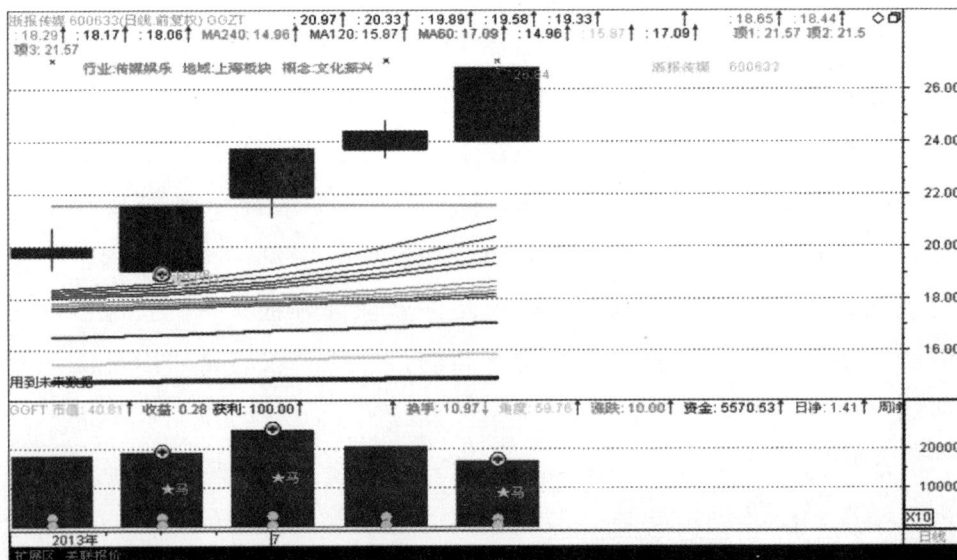

图 4-38　浙报传媒 2013 年 7 月 3 日涨停走势图

2013 年 7 月 4 日 (周四),也许是利好出尽"见光死"的缘故,美盛文化开盘大幅低开四个多点,下跌放量上涨缩量,量能背离,危险信号出现,庄家有出货迹象,不可恋战,应果断出局,见图 4-39。

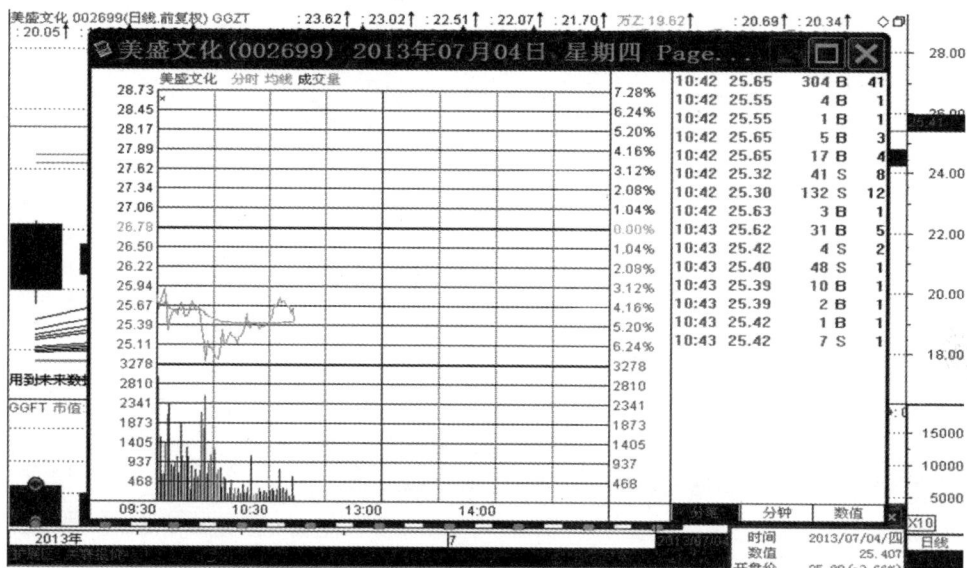

图 4-39　美盛文化 2013 年 7 月 4 日早盘分时图

浙报传媒也有见顶迹象,见图 4-40。

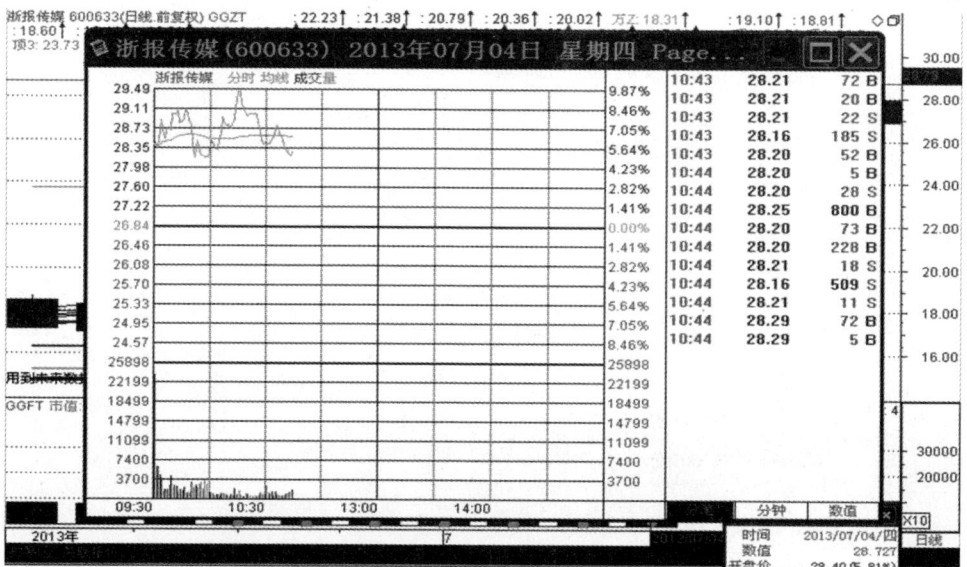

图 4-40　浙报传媒 2013 年 7 月 4 日早盘分时图

2013 年 7 月 5 日 （周五），美盛文化至收盘时下跌 3.62%，见图 4-41、图 4-42。

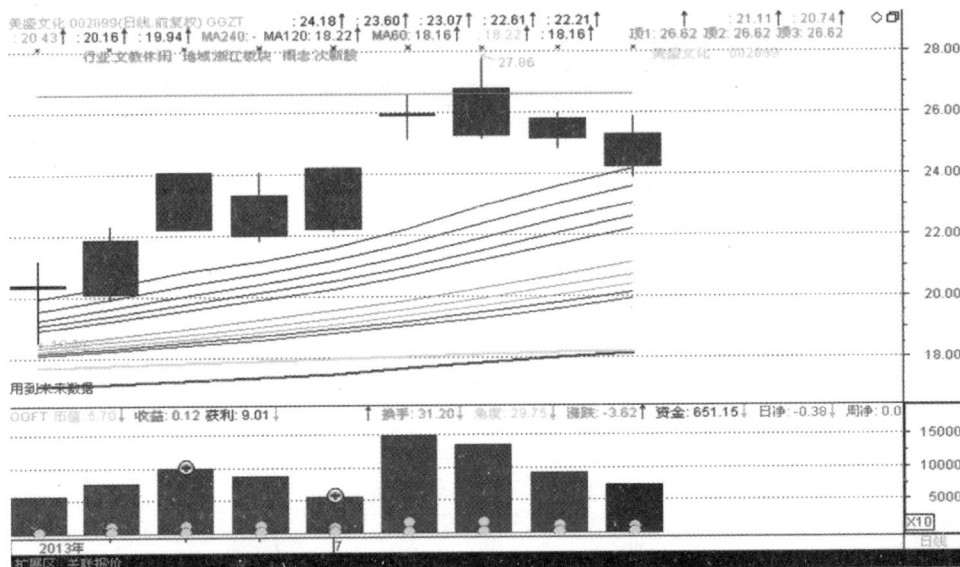

图 4-41　美盛文化 2013 年 7 月 5 日走势图

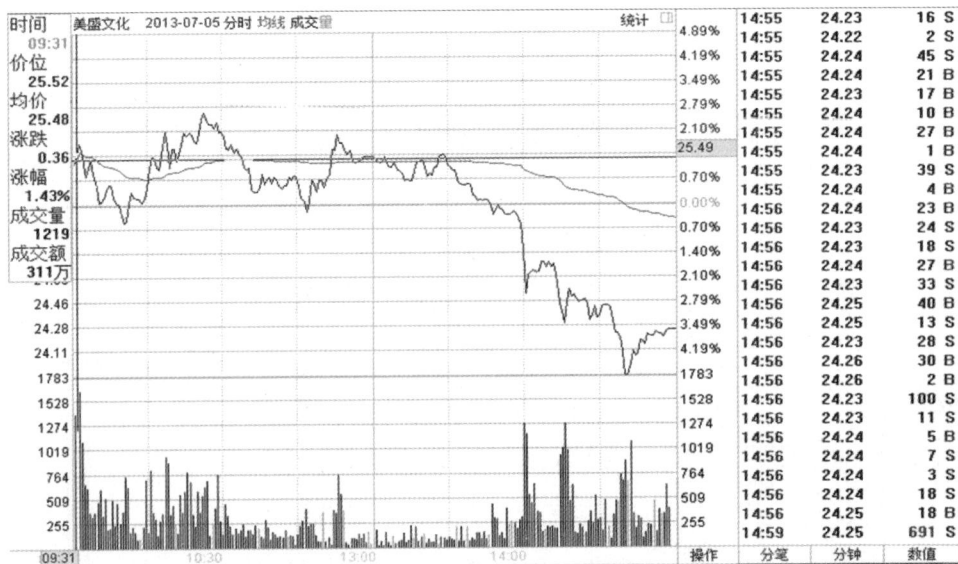

图 4-42　美盛文化 2013 年 7 月 5 日分时图

2013 年 7 月 5 日，浙报传媒下跌 5.11%，见图 4-43、图 4-44。

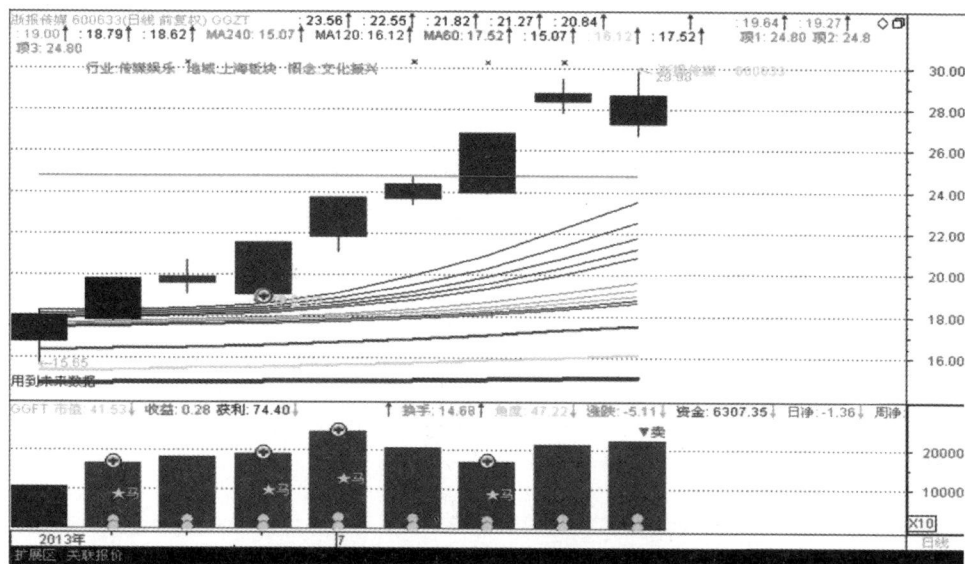

图 4-43　浙报传媒 2013 年 7 月 5 日走势图

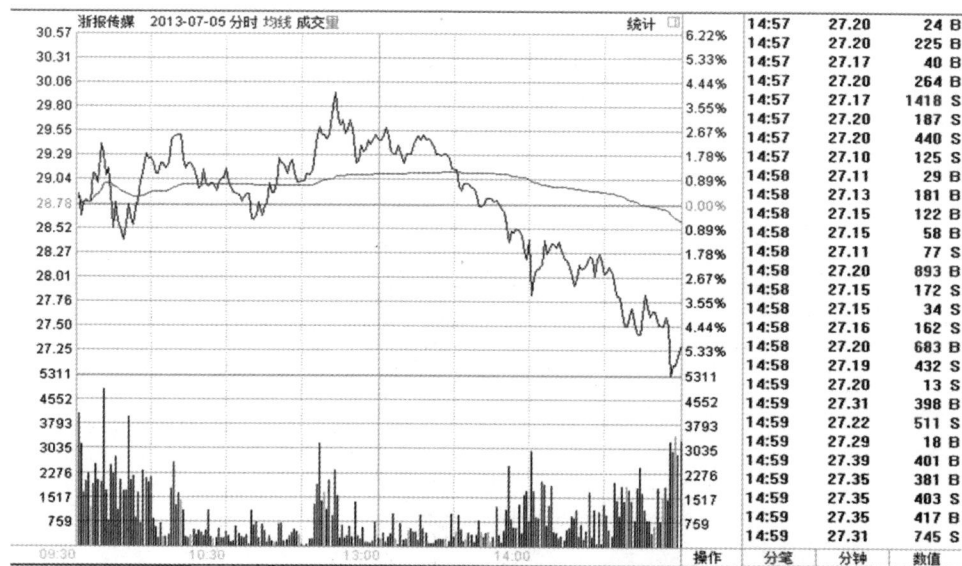

图 4-44　浙报传媒 2013 年 7 月 5 日分时图

从分时图上看，两股几乎同时开跌（午后 13:30 左右），集团资金联合运作迹象非常明显。这证明前一天的判断是正确的，出局也是正

确的。游戏概念龙头股的见顶也预示着该板块炒作将暂告一段落。证券市场波云诡谲，稍不留神，就会进入庄家设下的圈套，所以，需要投资者时刻保持高度的警惕。

本次交易总结：虽然捕捉到了游戏概念股的副龙头美盛文化，但之前跟踪过的正龙头浙报传媒最终失之交臂，今后捕捉龙头股的能力还需提高，观察分析还应更加仔细。

第二节　露笑科技实战案例

2014 年 3 月 27 日，大盘当日是下跌走势，开盘后一路震荡下跌，见图 4-45。

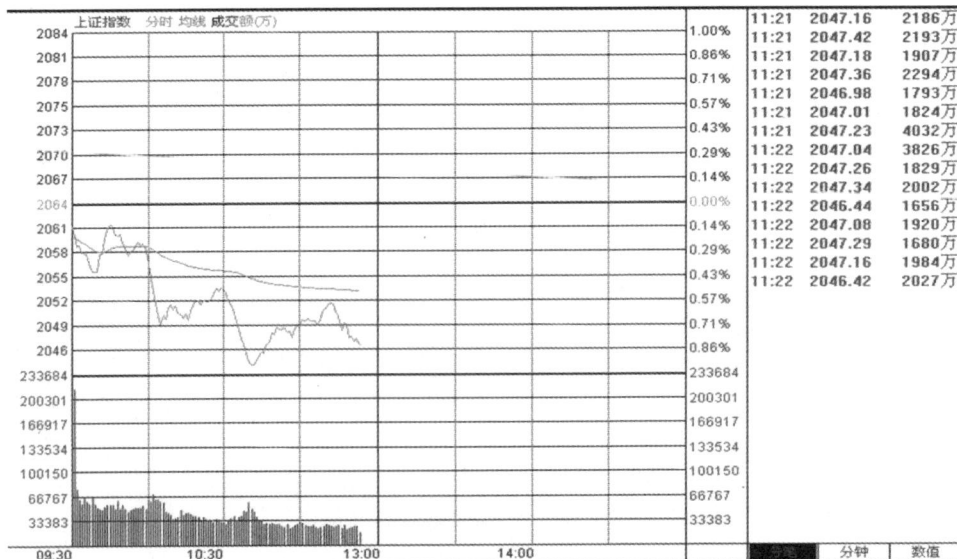

图 4-45　上证指数 2014 年 3 月 27 日下跌分时图

2014 年 4 月 4 日（周五），大盘目前在做三角型整理，横向震荡至三角形态上轨处，有向上突破的迹象，见图 4-46。

图 4-46　上证指数 2014 年 3 月、4 月三角整理形态走势图

002617 露笑科技之前连续两个一字板，已形成突破走势，这引起了笔者的注意，当时没有买入，一方面走势太强，一字涨停排队也难买到，另一方面也是考虑到大盘走势并不理想。经过技术面与基本面的研究，笔者决定在周五开盘价买入仓位 1/3。该股开盘后稍有下跌即被拉起，之后冲高回落没有跌破之前的低点，经过震荡整理后封于涨停，开板后又在均价线上维持了一段时间，是因为之前两个一字板没有多少量，筹码没有经过充分换手，开板显然是为了吸足筹码，为之后的拉升储备弹药，最终该股于午后封停，见图 4-47。

从 2014 年 4 月 4 日日线图可以看出，该股突破了一个大的三角整理形态，当日创出历史新高，可视为关键点突破，跳空涨停显示攻势凌厉，主力上涨欲望强烈，见图 4-48。

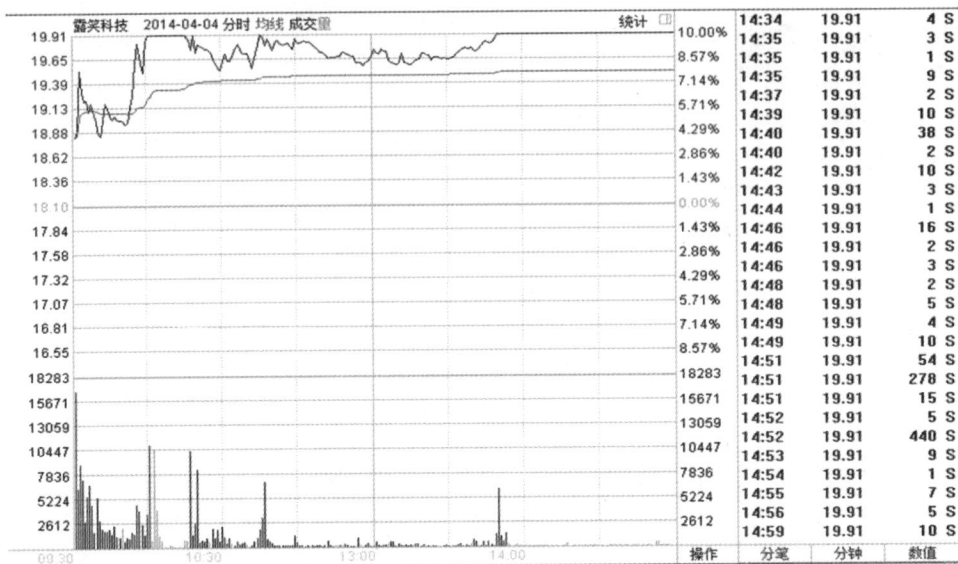

图 4-47　露笑科技 2014 年 4 月 4 日涨停分时图

图 4-48　露笑科技 2014 年 4 月 4 日三角形态关键点突破走势图

2014 年 4 月 4 日整体上看是量价齐升，未来还有不小的上涨空间，涨停关键点处的获利盘为 100%，见图 4-49。

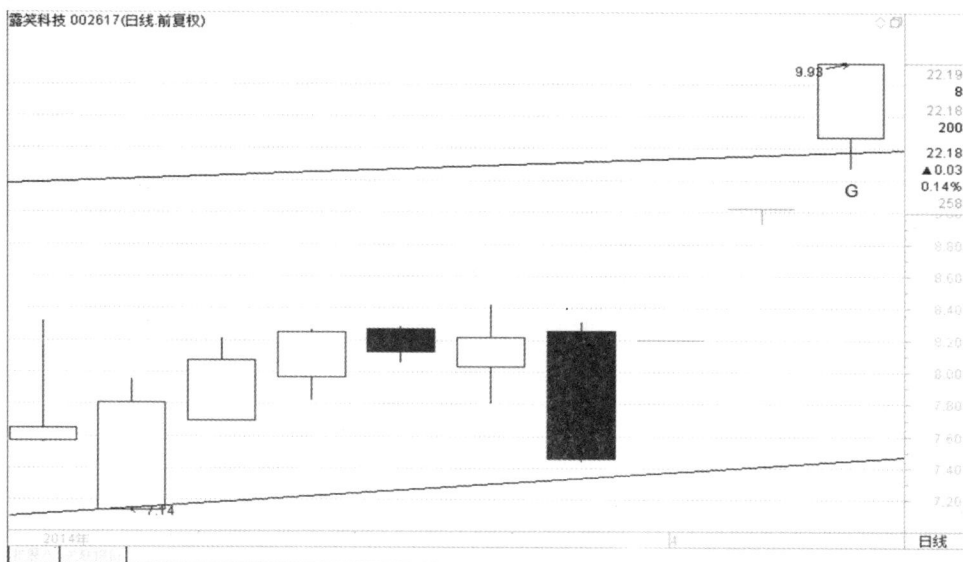

图 4-49　露笑科技 2014 年 4 月 4 日关键点突破走势图

　　从题材消息面看，4 月 1 日公司公告称，与伯恩光学共同出资成立蓝宝石公司。同时，笔者注意到另一相关新闻，美国的蓝宝石材料供应商 GTAT 的股价近日连续上涨，创出历史新高，这与该公司 2013 年底与苹果公司签订供货协议有关。国内市场炒作常有跟风现象，而且伯恩光学是全球最大的移动设备屏幕供应商之一，其屏幕产品占苹果设备供货的 60%。有报道称，苹果的巨大示范效应，再加上 LED 照明大周期的共振，蓝宝石未来高景气周期将被拉长。蓝宝石晶体有独特的抗划伤特性，以独特的力学和热学性能而成为智能手机屏幕的新材料。自从苹果宣布与 GTAT 进行合作以来，新一代的 iPhone6 将会采用蓝宝石材料已经基本没有悬念。另外，已进入苹果产业链的伯恩光学的地位，决定了合资公司蓝宝石产品进入苹果屏幕材料供应链的可能性非常大。

　　综合判断以上信息，笔者对该股今后的走势更有了信心。

　　2014 年 4 月 8 日（周二），大盘低开高走，攻势凌厉，见图 4-50。午盘时分向上突破，大盘的强劲表现也为个股炒作创造了良好环境，见图 4-51。

时间	价格	成交额
09:39	2064.90	5281万
09:39	2066.75	7032万
09:39	2066.49	6317万
09:39	2067.07	7157万
09:39	2067.65	9965万
09:39	2067.46	7655万
09:39	2067.57	6229万
09:39	2066.90	6752万
09:40	2067.31	4880万
09:40	2066.91	5962万
09:40	2067.55	5645万
09:40	2068.12	7395万
09:40	2068.00	8312万
09:40	2068.90	7003万
09:40	2068.27	6155万

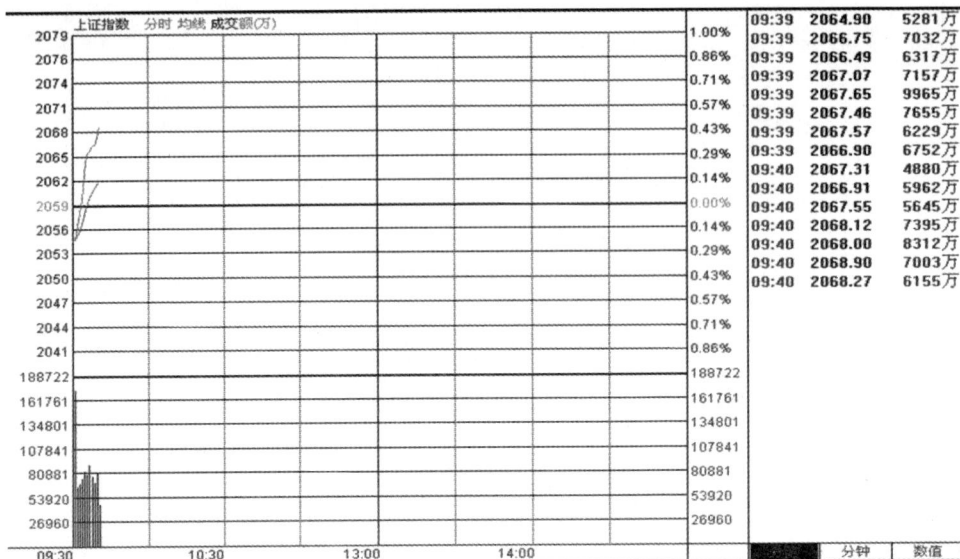

图 4-50 上证指数 2014 年 4 月 8 日开盘分时图

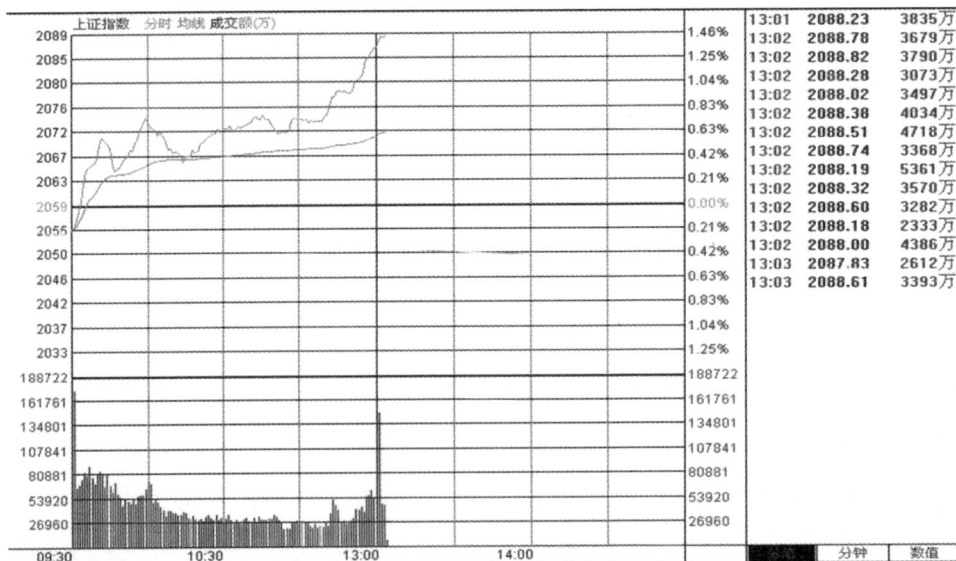

时间	价格	成交额
13:01	2088.23	3835万
13:02	2088.78	3679万
13:02	2088.82	3790万
13:02	2088.28	3073万
13:02	2088.02	3497万
13:02	2088.38	4034万
13:02	2088.51	4718万
13:02	2088.74	3368万
13:02	2088.19	5361万
13:02	2088.32	3570万
13:02	2088.60	3282万
13:02	2088.18	2333万
13:02	2088.00	4386万
13:03	2087.83	2612万
13:03	2088.61	3393万

图 4-51 上证指数 2014 年 4 月 8 日午盘分时图

2014 年 4 月 8 日从日线上看，大盘突破三角整理形态的迹象越发明显，见图 4-52；午盘时分，一举突破三角整理形态的下降趋势线，见图 4-53。

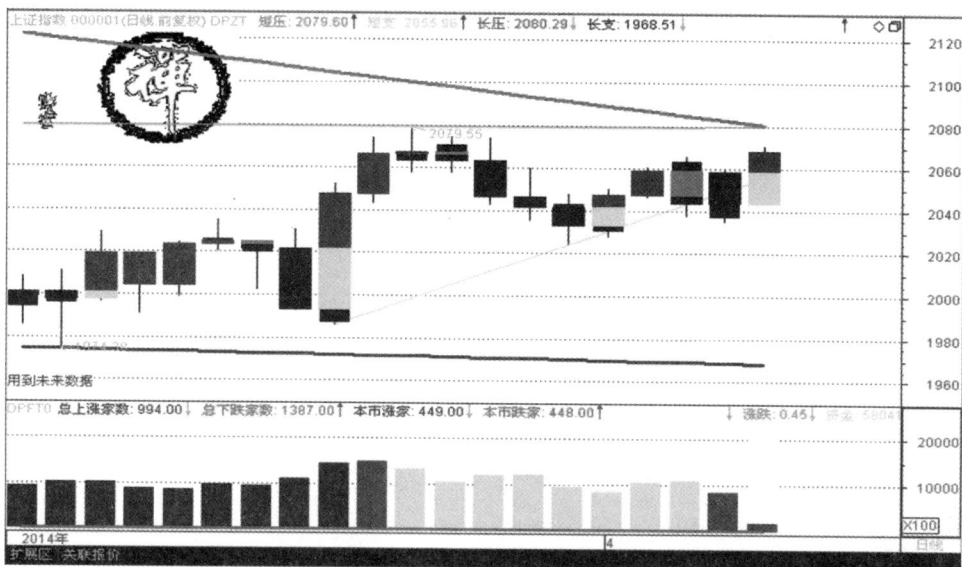

图 4-52　上证指数 2014 年 4 月 8 日即将突破整理形态走势图

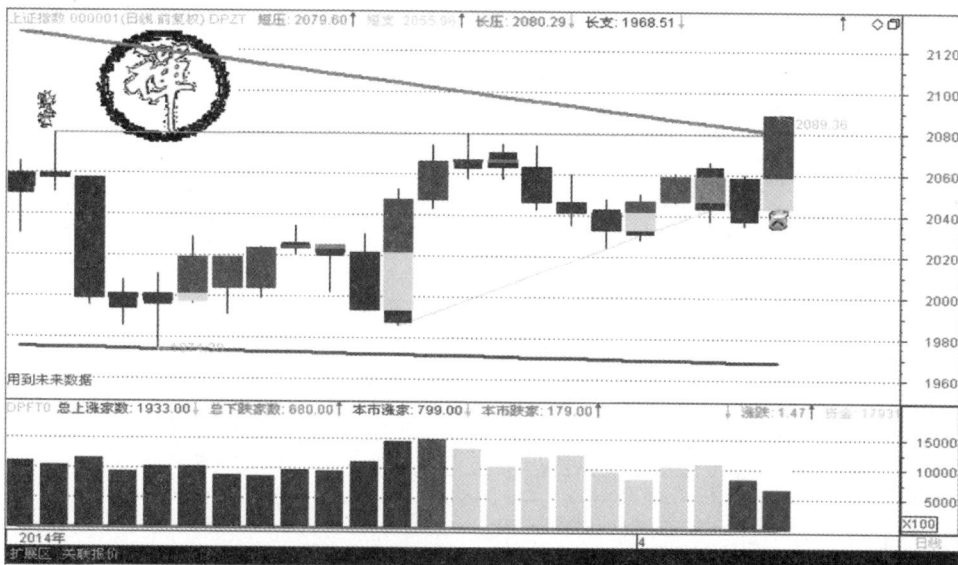

图 4-53　上证指数 2014 年 4 月 8 日突破整理形态走势图

　　在大盘走势良好的情况下，露笑科技走势也表现强劲，高开高走，经过震荡整理，获得均价线支撑后继续向上攻击，继续加仓，见图4-54。之后又经过反复震荡洗盘，在均价线的支撑作用下，于午盘时分封上涨停，见图4-55。

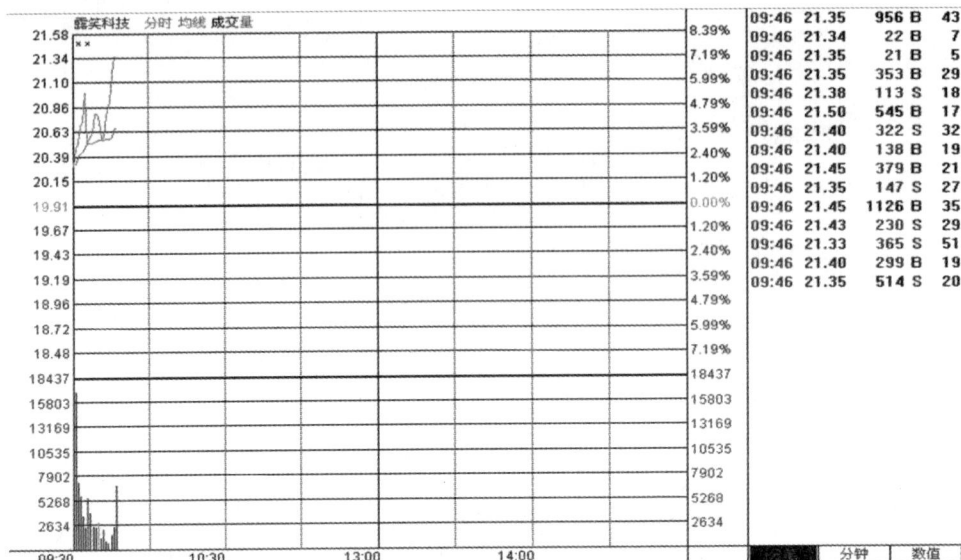

图 4-54　露笑科技 2014 年 4 月 8 日早盘分时图

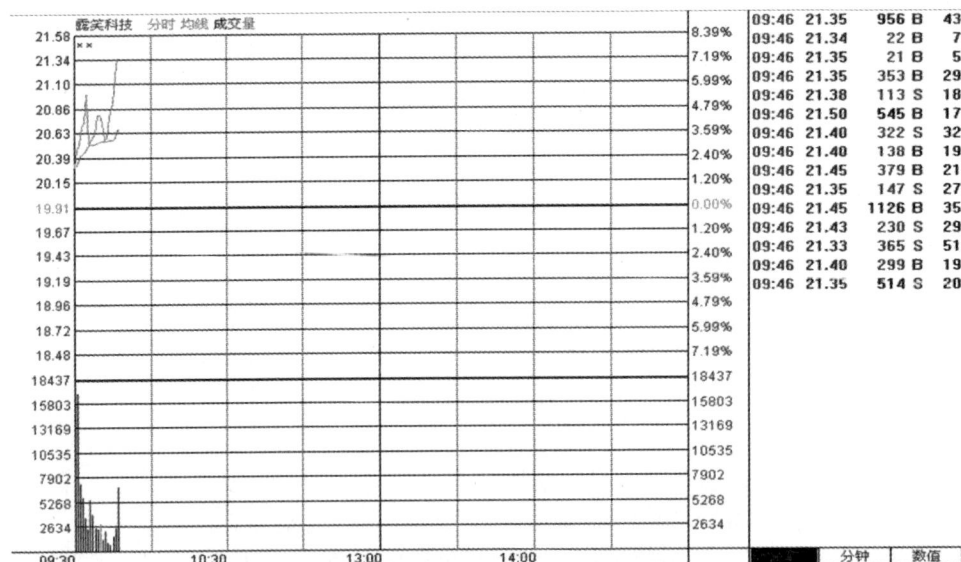

图 4-55　露笑科技 2014 年 4 月 8 日涨停分时图

　　从 2014 年 4 月 8 日日线图上看，成交量比昨日稍有萎缩，属于健康现象，见图 4-56。

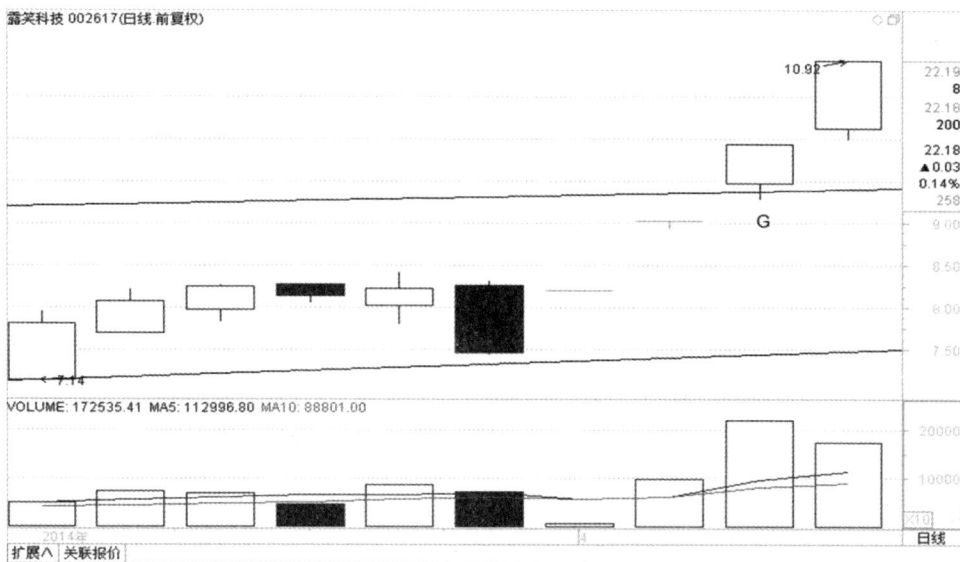

图 4-56　露笑科技 2014 年 4 月 8 日继续涨停走势图

2014 年 4 月 9 日 (周三)，露笑科技高开高走，开盘不久就有两次跌破均价线，显然是主力故意为之，以诱使散户出局，重新站上均价线后，股价节节攀升，开盘半小时后封上涨停，表现强势，继续持股待涨，见图 4-57。

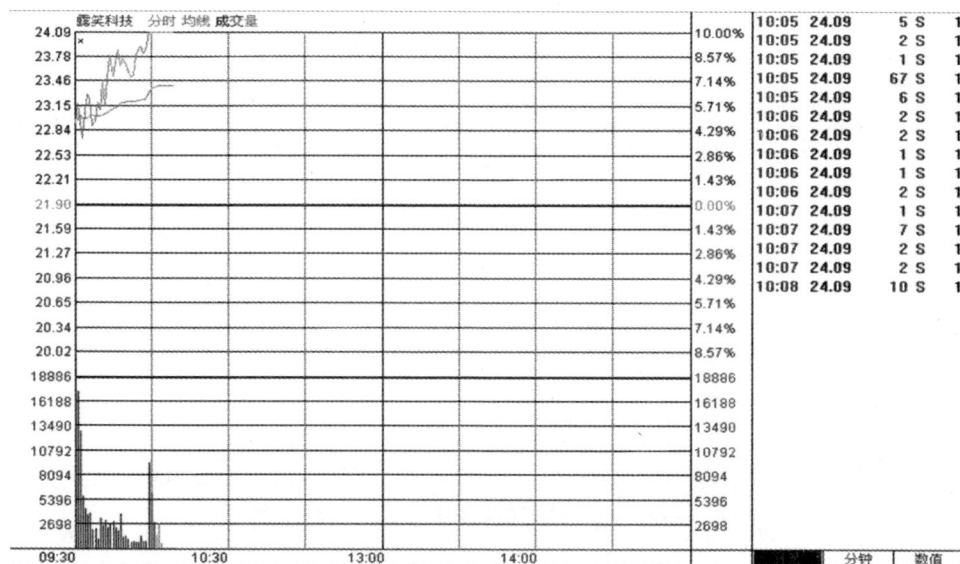

图 4-57　露笑科技 2014 年 4 月 9 日早盘涨停分时图

2014 年 4 月 9 日，成交量进一步萎缩，说明筹码惜售，见图 4-58。

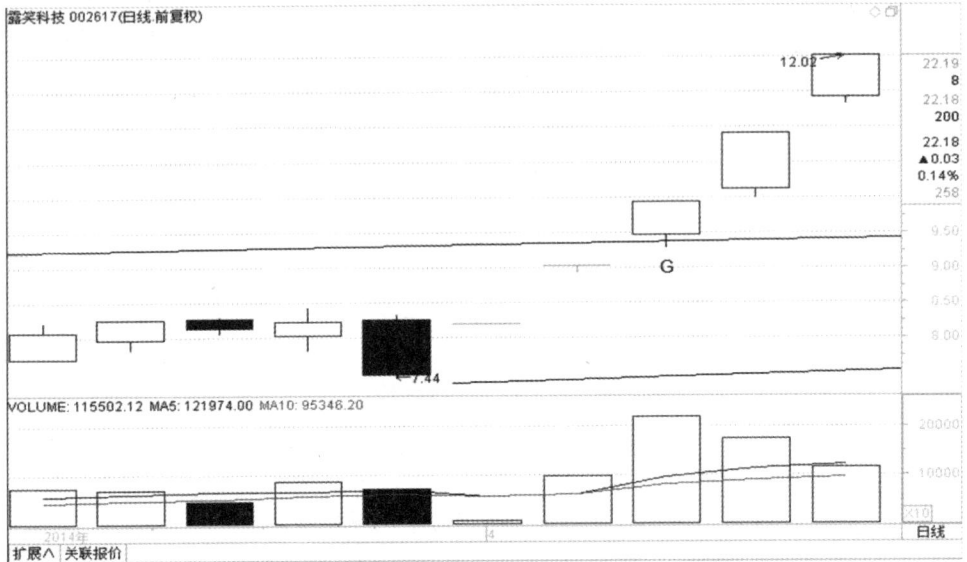

图 4-58　露笑科技 2014 年 4 月 9 日涨停走势图

2014 年 4 月 9 日，当日大盘也呈震荡上涨走势，见图 4-59。

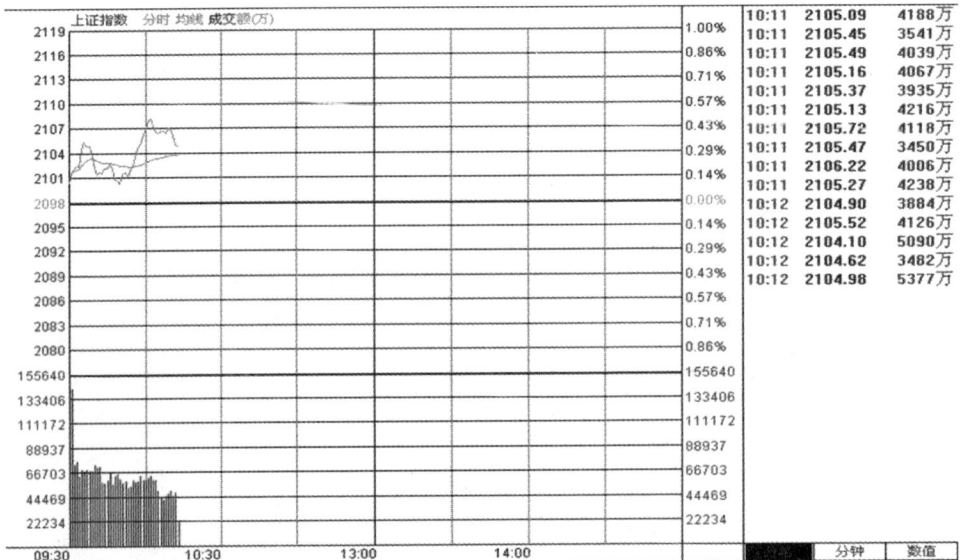

图 4-59　上证指数 2014 年 4 月 9 日早盘分时图

2014 年 4 月 10 日（周四），露笑科技大幅高开，七分钟后冲上涨停，没过多久涨停打开，重新涨停后又多次打开，如此反复说明主力有意让筹码在高位换手，让散户进来接盘好让自己出货，从分时量能上看，第三次开板处的成交量较大。但出货不可能一次完成，连续涨停后也有洗盘的要求，于是笔者决定暂时持股，继续观察，见图 4-60。果然，开盘不到一个半小时，该股第四次封上涨停，见图 4-61。临近中午收盘时，第五次打开涨停，虽然放出的量并不算大，但考虑到已经连续五个涨停，这次如不能封板则考虑部分出局，见图 4-62。下午开盘后，股价跌破均价线，尾盘有回抽动作，但未能重新站上均价线，出局是正确的，见图 4-63。

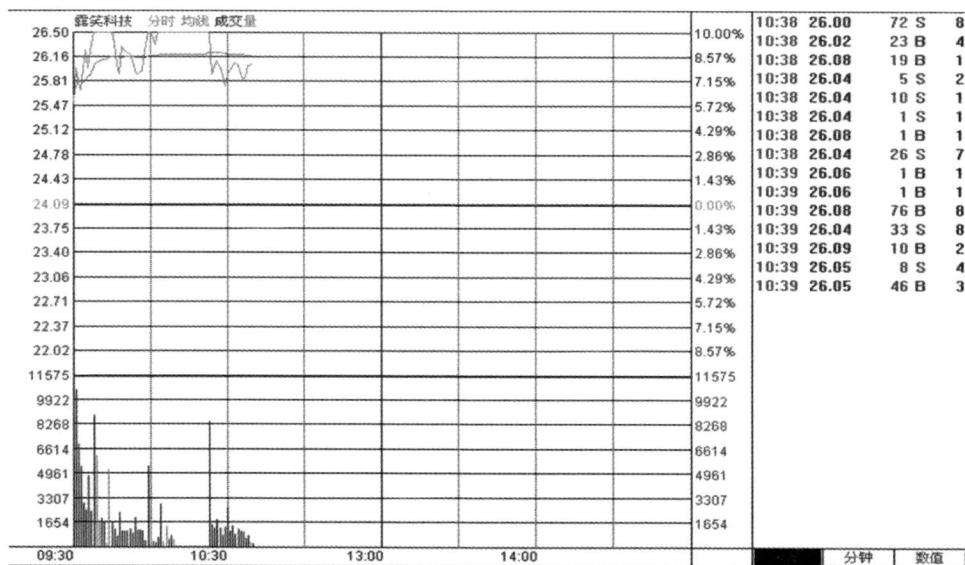

图 4-60　露笑科技 2014 年 4 月 10 日第三次涨停打开盘中分时图

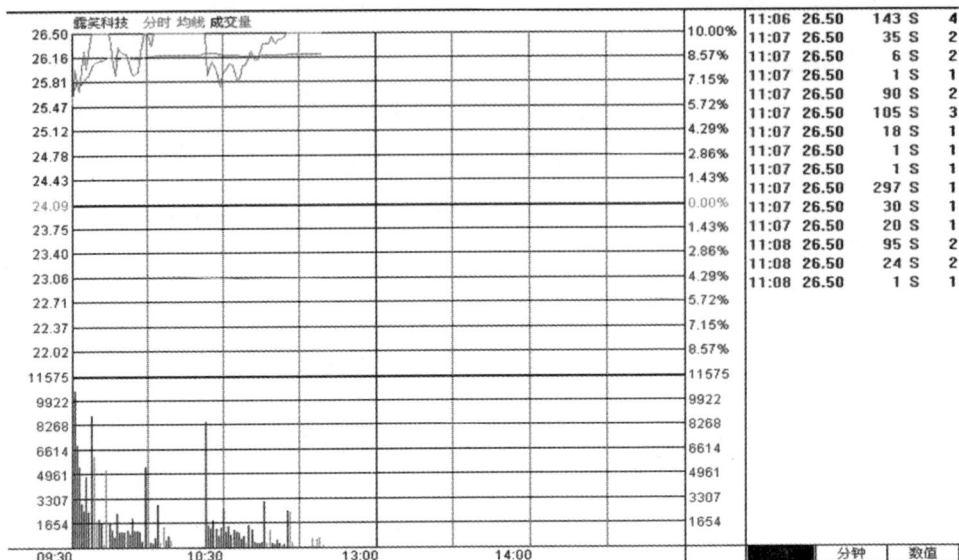

图 4-61　露笑科技 2014 年 4 月 10 日第四次封停盘中分时图

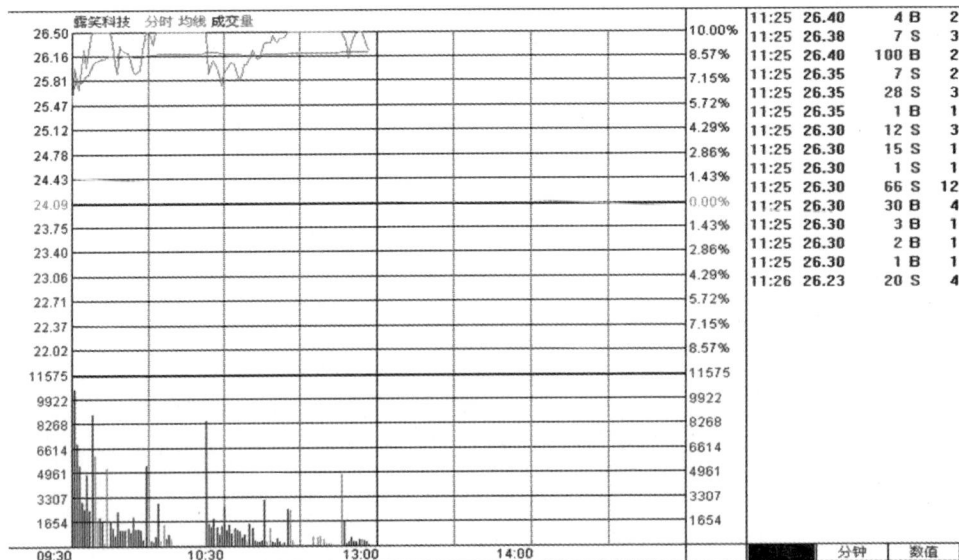

图 4-62　露笑科技 2014 年 4 月 10 日第五次涨停打开盘中分时图

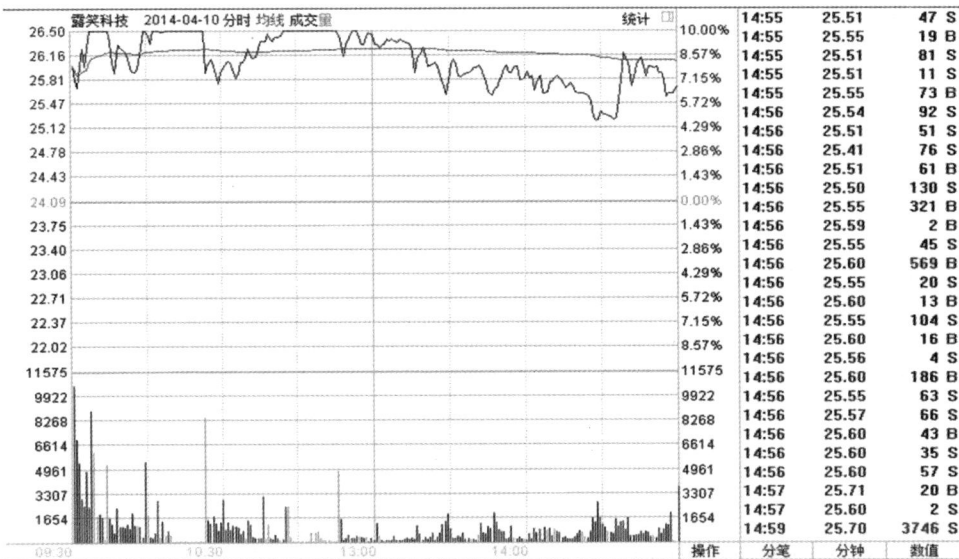

图 4-63　露笑科技 2014 年 4 月 10 日收盘分时图

从 2014 年 4 月 10 日日线上看，虚拟的成交量不到半日就比昨日一整天的都大，这预示着整日成交量会很大，主力有出货迹象，见图 4-64。日线最终收出十字星，成交量比昨日大幅放大，主力出货迹象十分明显，见图 4-65。

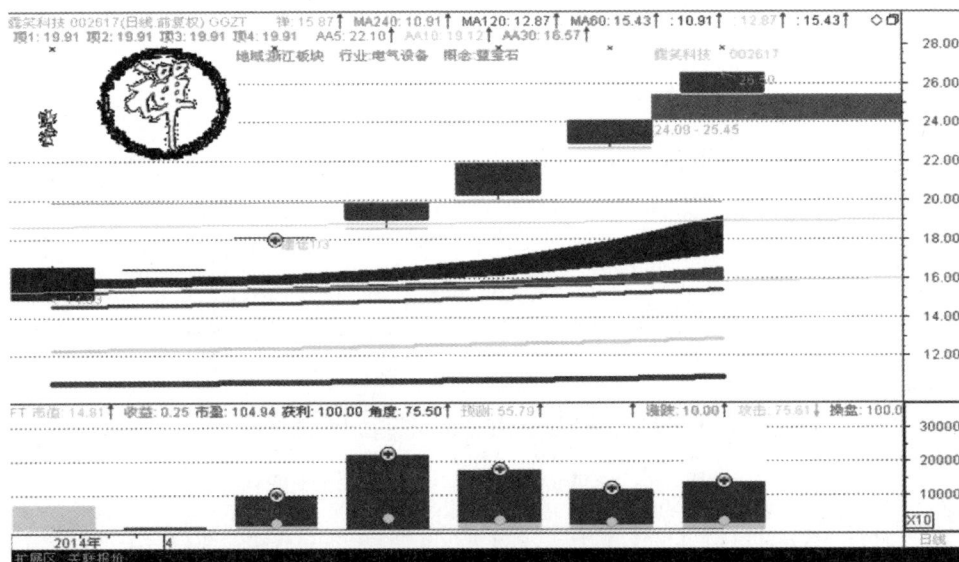

图 4-64　露笑科技连续涨停走势图

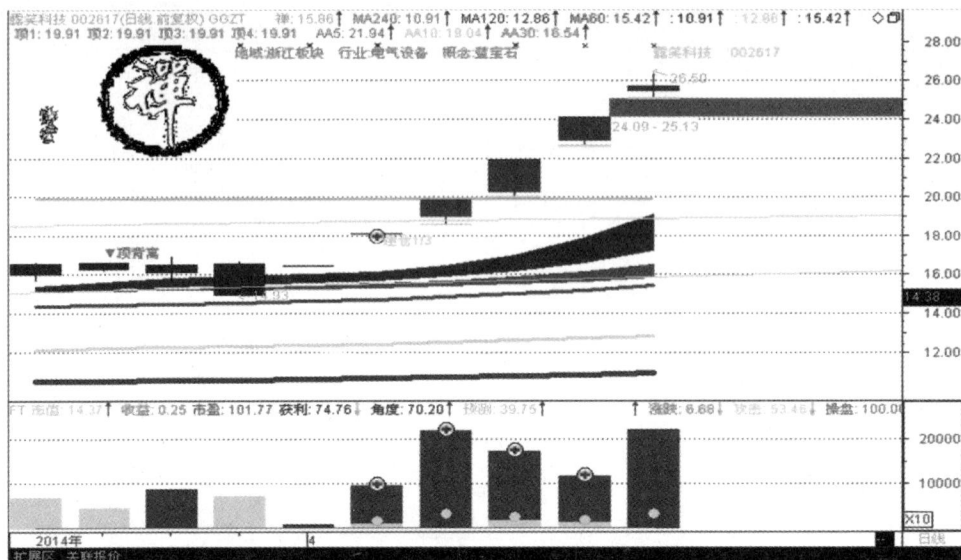

图 4-65 露笑科技 2014 年 4 月 10 日收盘走势图

当日大盘走势良好，很显然，露笑科技庄家是在借大盘上涨而出货，见图 4-66。

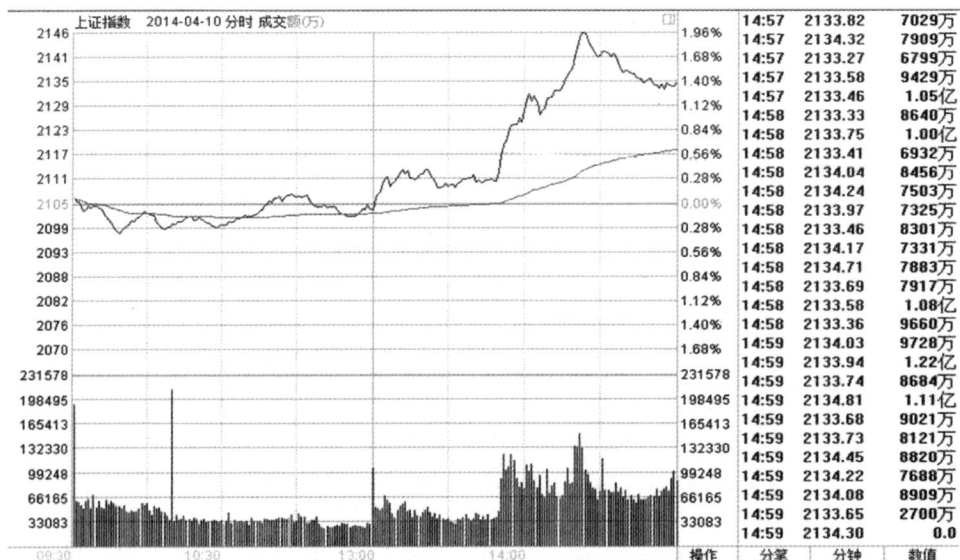

图 4-66 上证指数 2014 年 4 月 10 日分时图

2014 年 4 月 11 日（周五），该股冲高回落，涨幅 3.11%，仍有上涨动能。庄家继续往上做的意图是，希望在高价位把股票卖出以获得更多利润，继续持股并做好出局准备，见图 4-67。

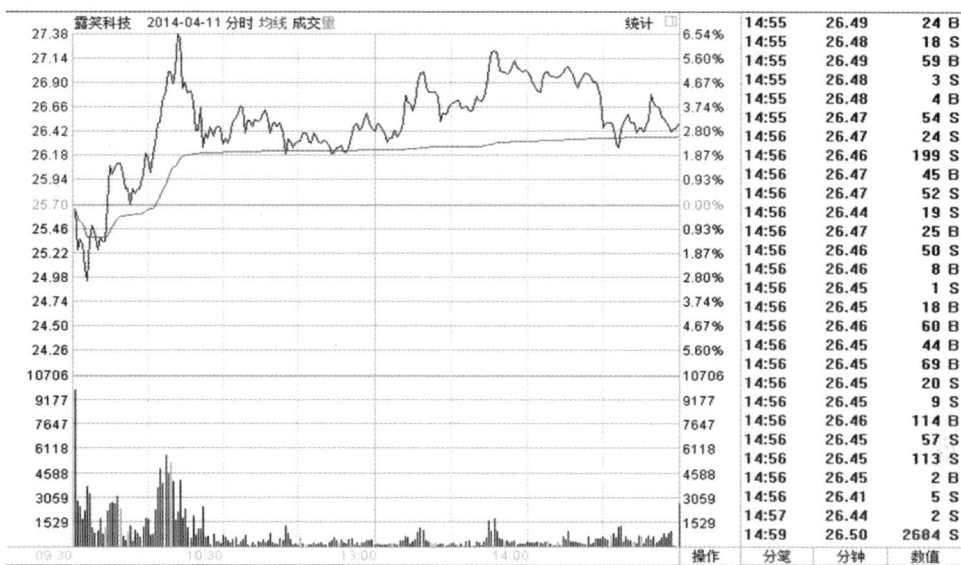

图 4-67 露笑科技 2014 年 4 月 11 日分时图

2014 年 4 月 11 日日线图，成交量虽然比昨日稍有萎缩，但仍属于大量，筹码继续在高位换手，说明庄家继续在出货，见图 4-68。

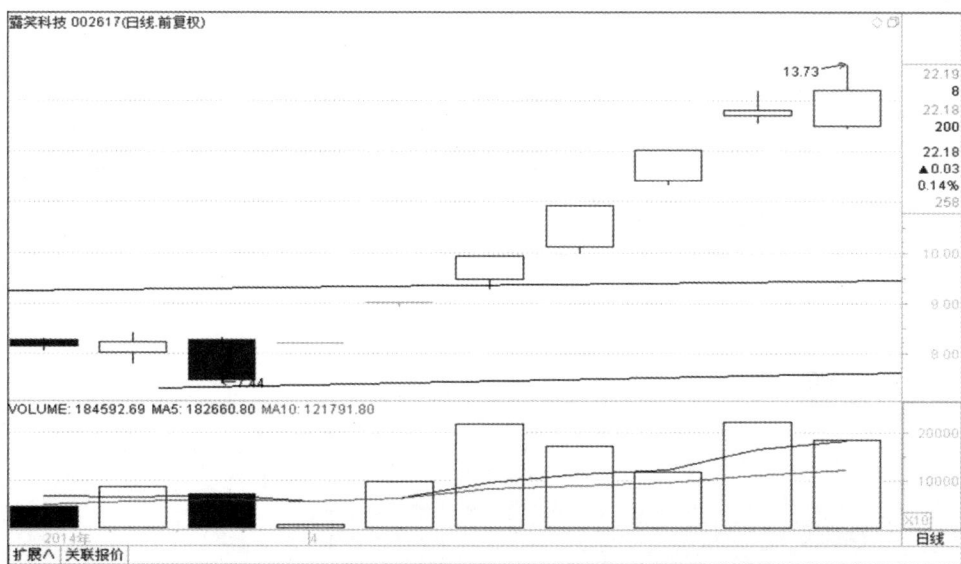

图 4-68 露笑科技 2014 年 4 月 11 日走势图

2014 年 4 月 14 日（周一），分时呈横向震荡走势，股价围绕均价线上下震荡，维持高位运行、震荡出货的分时特征，尾盘有所收低，见图 4-69。

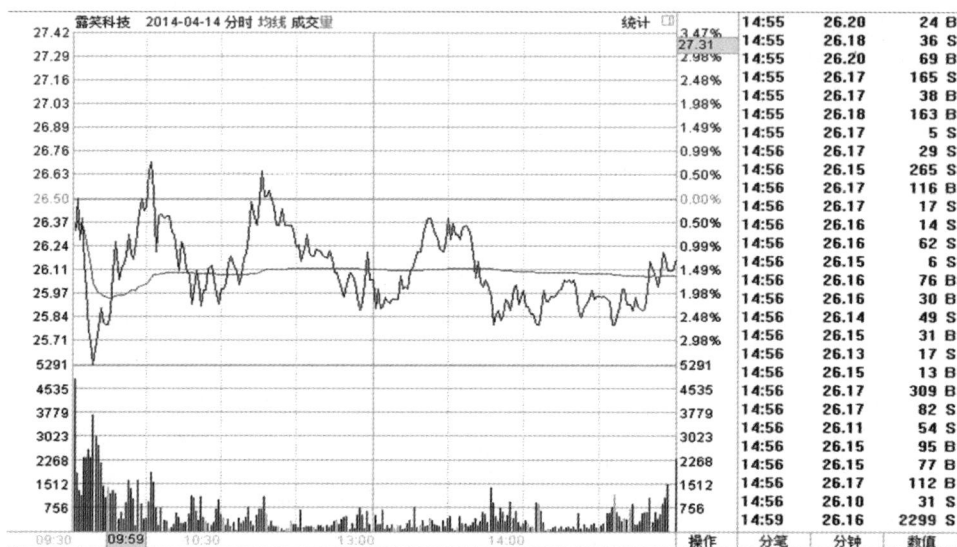

图 4-69 露笑科技 2014 年 4 月 14 日分时图

2014 年 4 月 14 日日线图，成交量继续萎缩，庄家出货有所收敛，见图 4-70。

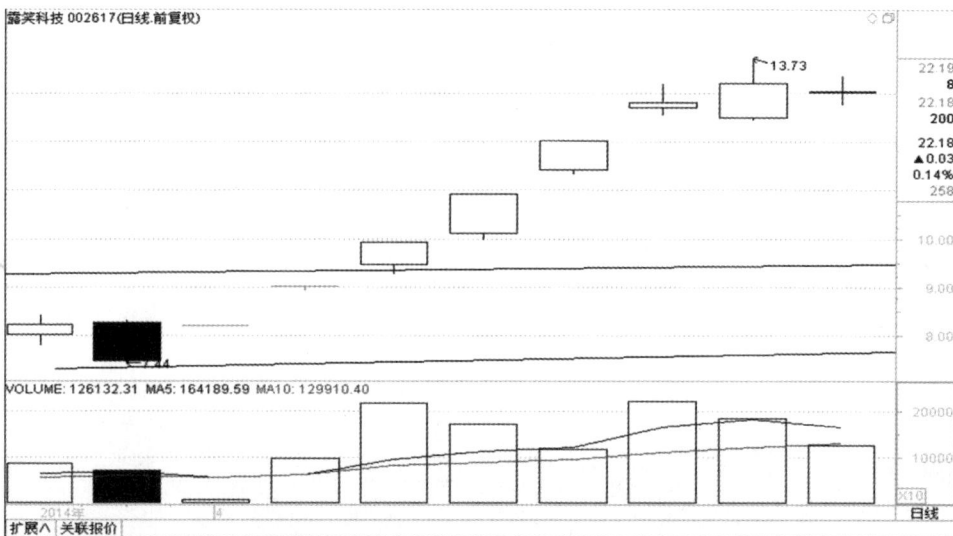

图 4-70 露笑科技 2014 年 4 月 14 日走势图

2014 年 4 月 15 日（周二），该股早盘冲高回落，跌破均价线并创出新低，经过震荡整理后，出现一波大幅拉升，之后又带量回落，庄家边拉边出迹象明显，此时应卖出剩余股票，落袋为安，见图 4-71。

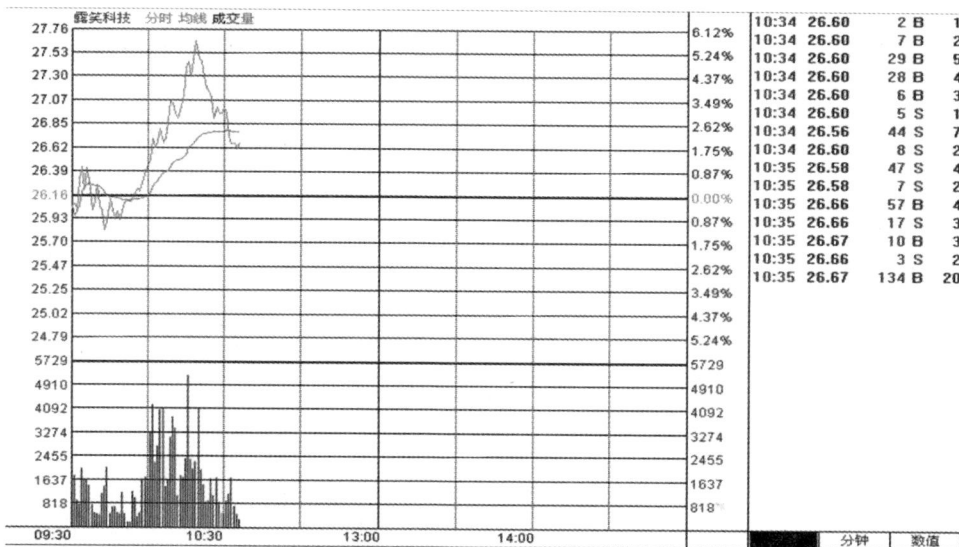

图 4-71 露笑科技 2014 年 4 月 15 日早盘分时图

2014 年 4 月 15 日日线图收出阴射击线，成交量比昨日有所放大，说明有大量资金在此换手，主力借冲高继续减仓，见图 4-72。从大盘

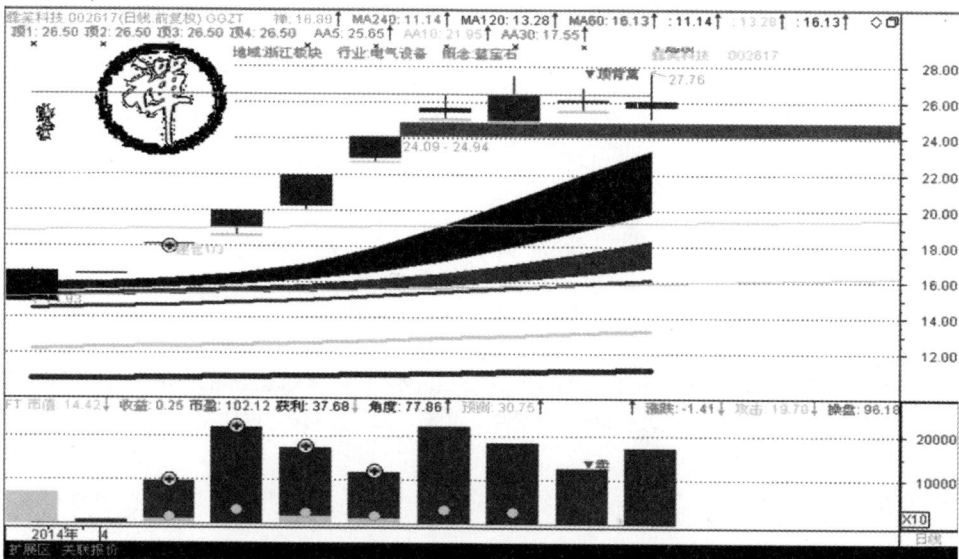

图 4-72 露笑科技 2014 年 4 月 15 日走势图

来看，虽然该日大跌，但可视为突破整理形态之后的回抽，企稳后仍能上涨。

本次交易总结：在大盘震荡行情中，捕捉到露笑科技这只涨势迅猛的牛股，笔者还算比较满意。

第三节　锦江投资实战案例

大盘自 2015 年 6 月 12 日创出 5178 点的高点后，一路下跌，因融资融券而被平仓的账户比比皆是，真可谓哀鸿遍野。但笔者并不认为行情就此结束，从月线图分析，这次下跌可视为四浪调整，目前仍在调整当中，见图 4-73。

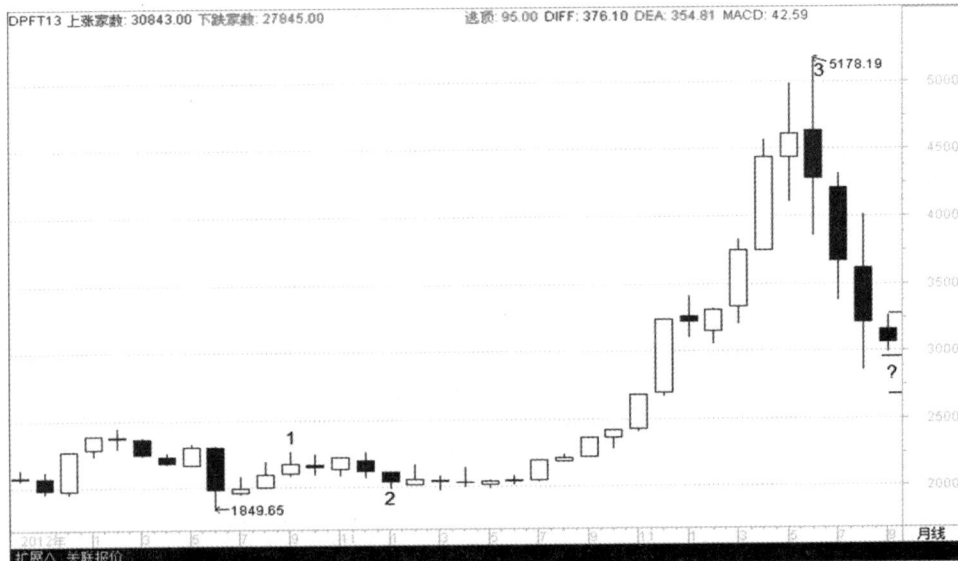

图 4-73　上证指数 2015 年 5 至 9 月调整走势图（月线）

从周线图看，目前 C 浪下跌已完成，将开启新的升浪，见图 4-74。

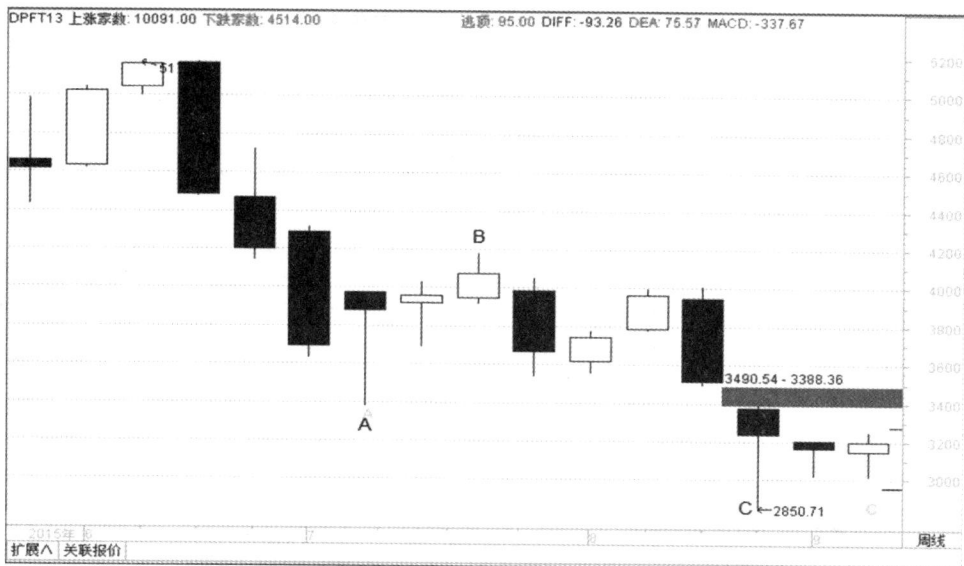

图 4-74　上证指数 2015 年 5 月至 9 月调整走势图（周线）

2015 年 9 月 16 日（周三），大盘走出缩量反弹走势，见图 4-75，收出一根中阳线，收盘价触及三角形态的下边沿。当日大盘分时图，见图 4-76。

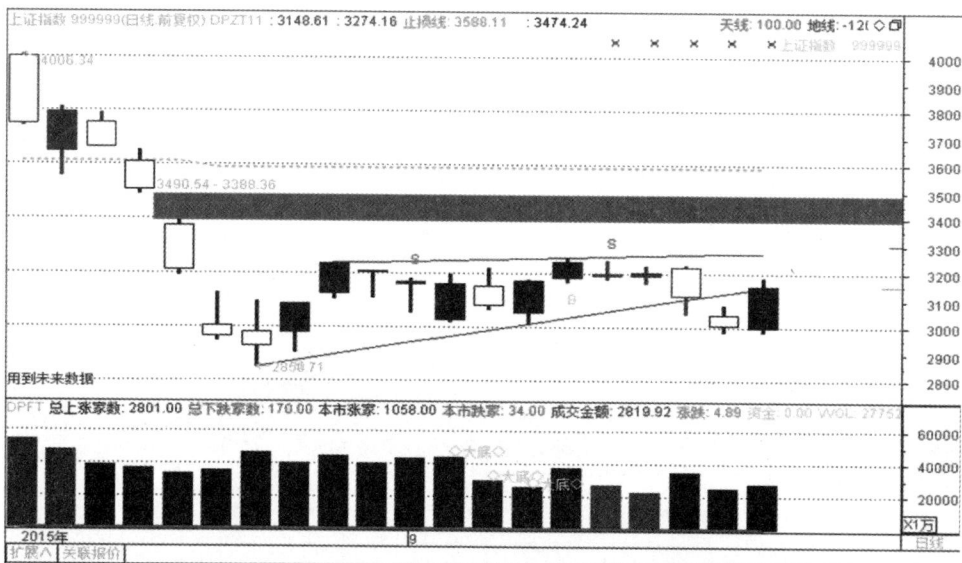

图 4-75　上证指数 2015 年 9 月跌破三角形态反弹走势图

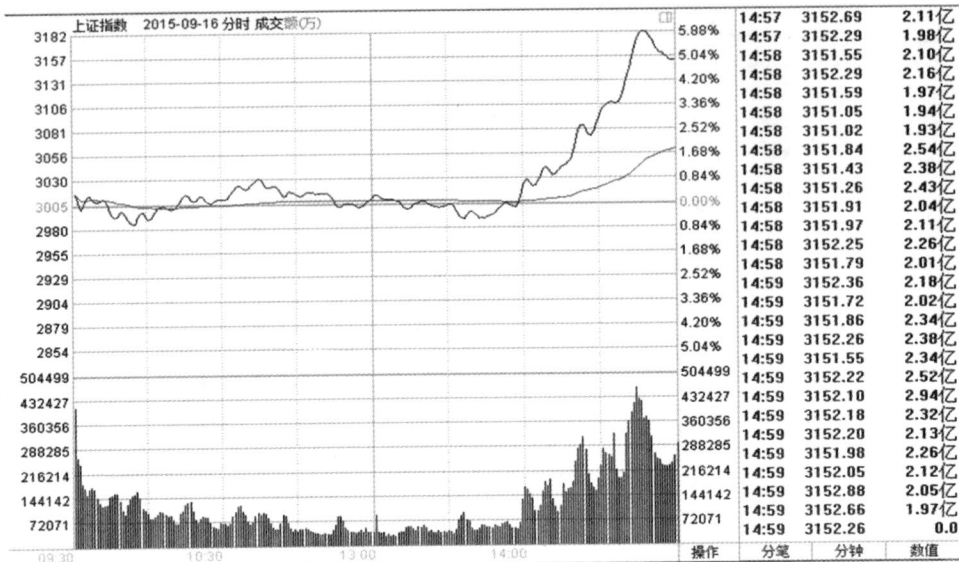

图 4-76　上证指数 2015 年 9 月 16 日分时图

大盘一分钟 K 线图，发出卖出信号，继续观望，等待最后一跌，见图 4-77。

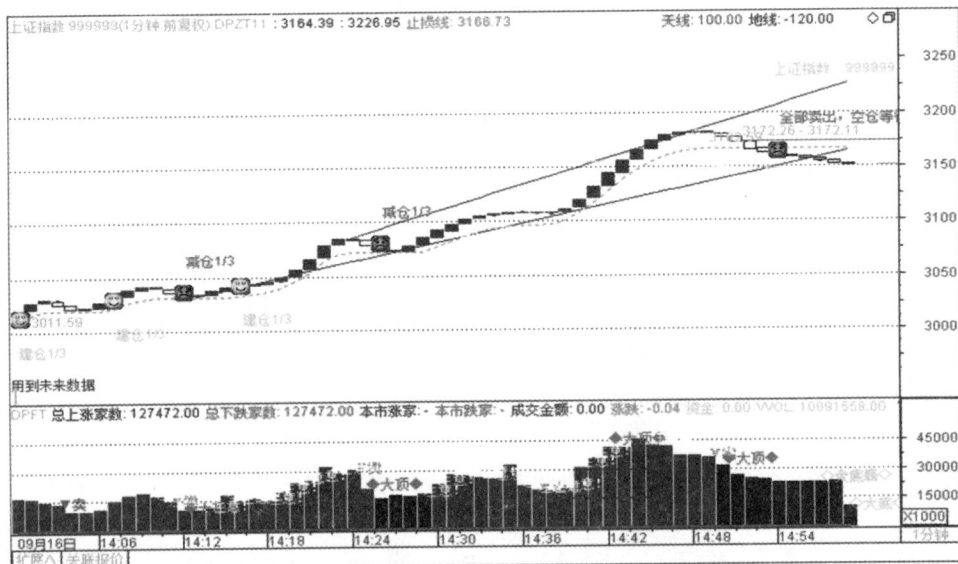

图 4-77　上证指数 2015 年 9 月 16 日一分钟走势图

笔者跟踪的目标股 600650 锦江投资随大势反弹，并以涨停收盘。

考虑到大盘还有一跌，笔者并未跟进，继续跟踪观察，等待介入良机，见图 4-78。

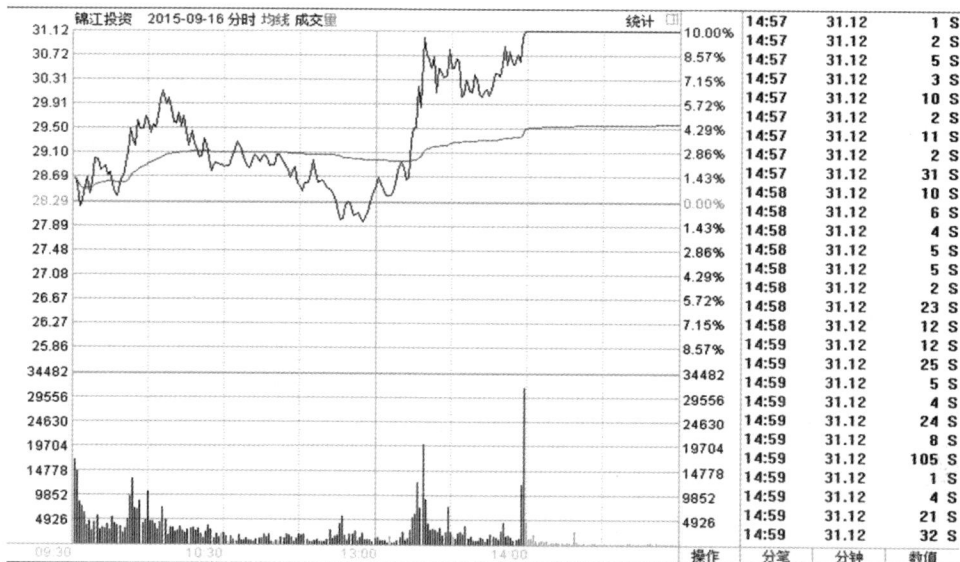

图 4-78 锦江投资 2015 年 9 月 16 日涨停分时图

2015 年 9 月 17 日（周四），如之前所料，大盘低开横向震荡后，选择了向下突破，见图 4-79。下探后，大盘一路震荡上扬，气势之强，让笔者也怀疑是否之前的判断有问题，到尾盘大盘终于露出了真

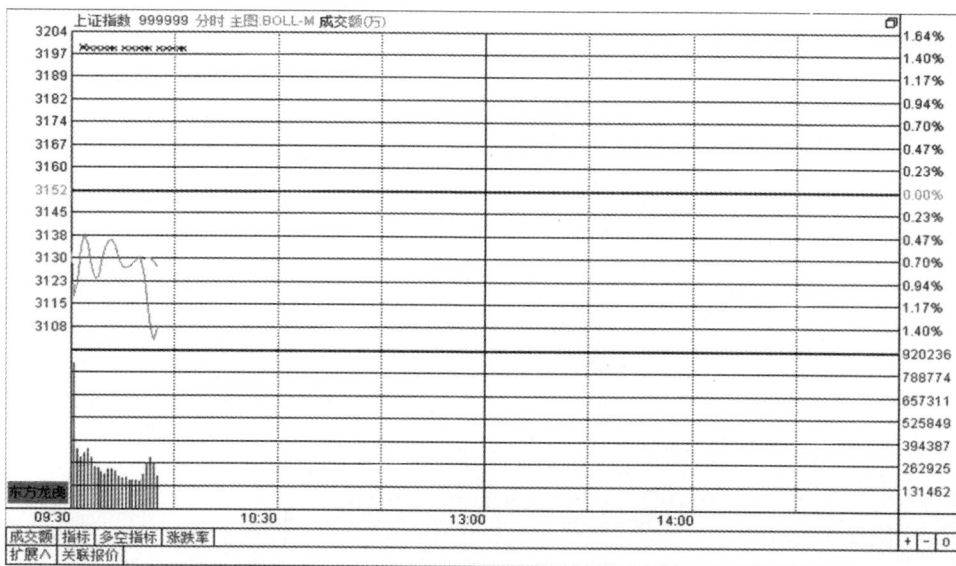

图 4-79 上证指数 2015 年 9 月 17 日早盘分时图

容（狰容），见图 4-80。

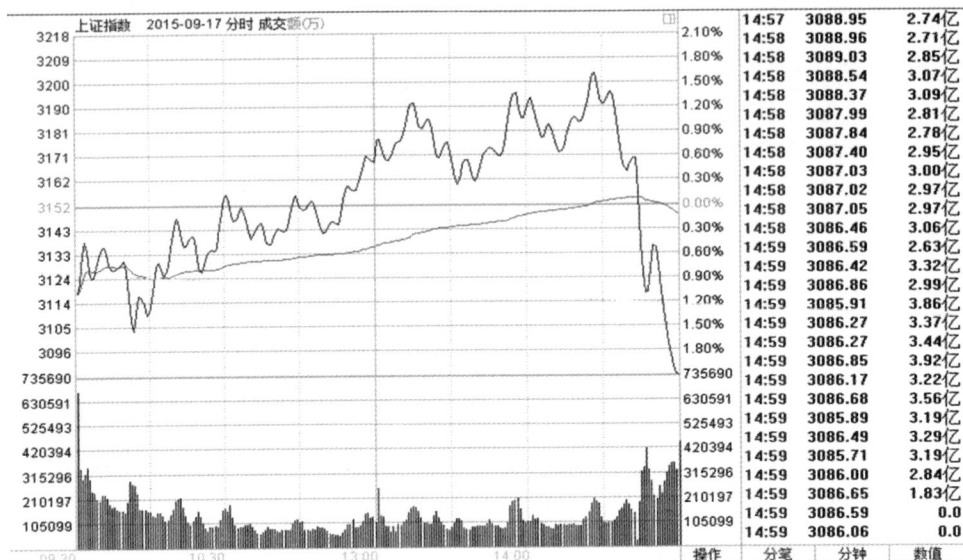

图 4-80　上证指数 2015 年 9 月 17 日收盘分时图

　　锦江投资早盘高开后一路震荡走高，但量价呈背离走势，之后也选择向下回调，见图 4-81。早盘逆大势上涨的锦江投资，尾盘也是"晚节不保"，随大盘大幅回落，见图 4-82。

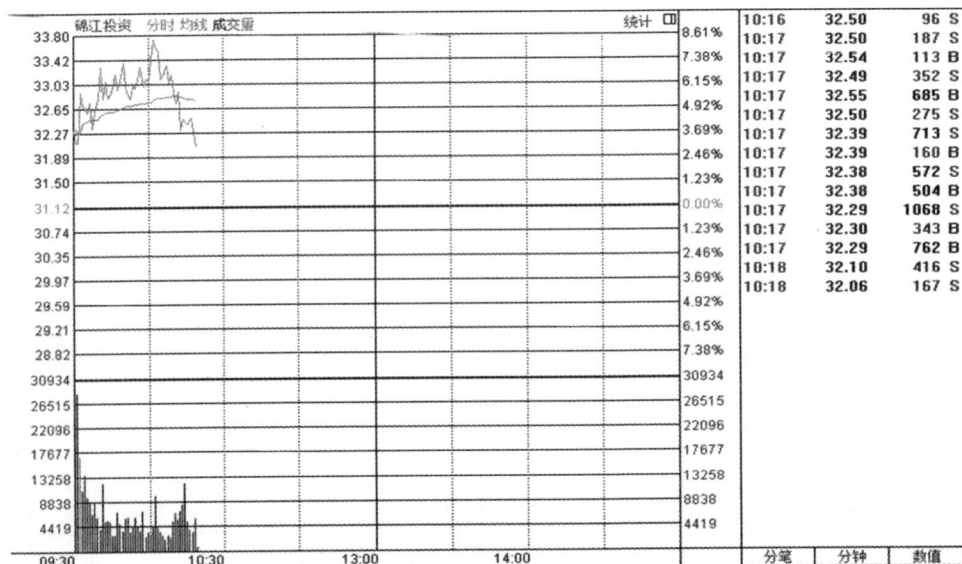

图 4-81　锦江投资 2015 年 9 月 17 日早盘分时图

14:57	30.60	265	S
14:57	30.60	570	S
14:58	30.53	497	S
14:58	30.60	116	S
14:58	30.66	337	S
14:58	30.65	507	S
14:58	30.60	325	S
14:58	30.66	206	B
14:58	30.68	297	S
14:58	30.70	283	S
14:58	30.68	1366	S
14:58	30.67	595	S
14:58	30.70	601	B
14:58	30.70	517	B
14:59	30.60	775	B
14:59	30.60	208	B
14:59	30.60	643	B
14:59	30.55	489	S
14:59	30.52	601	S
14:59	30.60	1245	B
14:59	30.50	577	B
14:59	30.50	457	B
14:59	30.49	339	B
14:59	30.50	663	B
14:59	30.40	498	S
14:59	30.47	496	B
14:59	30.50	563	B
14:59	30.50	59	B

图 4–82　锦江投资 2015 年 9 月 17 日收盘分时图

2015 年 9 月 18 日（周五），大盘整日横向震荡，最终收出一颗十字星，继续观望，见图 4–83、图 4–84。锦江投资则低开低走，跌幅达 5.38%，继续观望等待，见图 4–85。

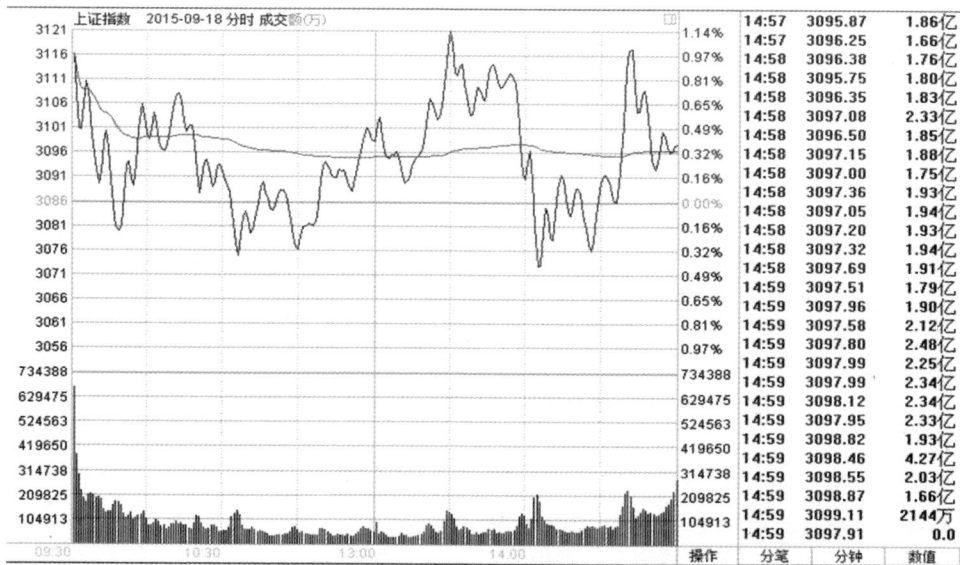

14:57	3095.87	1.86亿	
14:57	3096.25	1.66亿	
14:58	3096.38	1.76亿	
14:58	3095.75	1.80亿	
14:58	3096.35	1.83亿	
14:58	3097.08	2.33亿	
14:58	3096.50	1.85亿	
14:58	3097.15	1.88亿	
14:58	3097.00	1.75亿	
14:58	3097.36	1.93亿	
14:58	3097.05	1.94亿	
14:58	3097.20	1.93亿	
14:58	3097.32	1.94亿	
14:58	3097.69	1.91亿	
14:59	3097.51	1.79亿	
14:59	3097.96	1.90亿	
14:59	3097.58	2.12亿	
14:59	3097.80	2.48亿	
14:59	3097.99	2.25亿	
14:59	3097.99	2.34亿	
14:59	3098.12	2.34亿	
14:59	3097.95	2.33亿	
14:59	3098.82	1.93亿	
14:59	3098.46	4.27亿	
14:59	3098.55	2.03亿	
14:59	3098.87	1.66亿	
14:59	3099.11	2144万	
14:59	3097.91	0.0	

图 4–83　上证指数 2015 年 9 月 18 日分时图

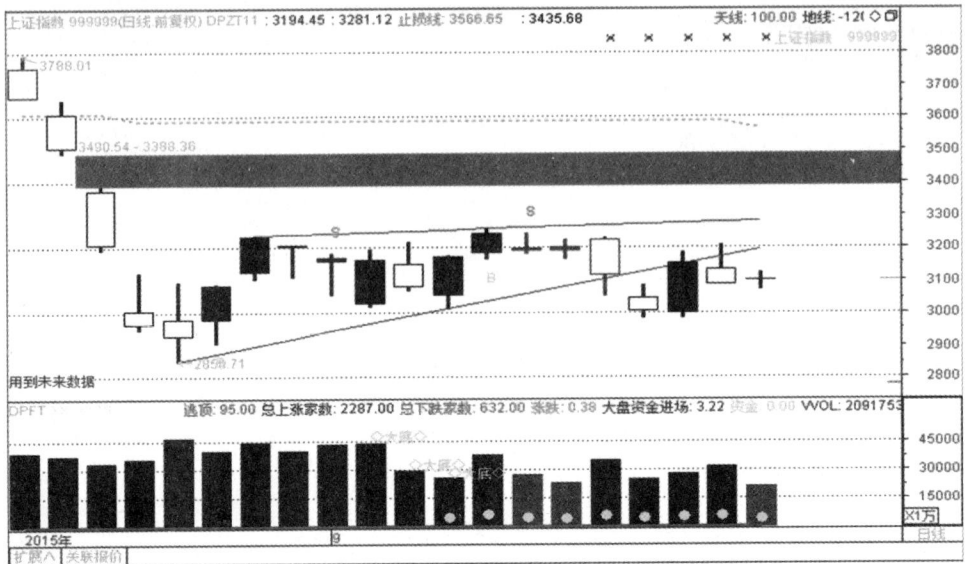

图 4-84　上证指数 2015 年 8 月至 9 月 18 日走势图

图 4-85　锦江投资 2015 年 9 月 18 日分时图

　　2015 年 9 月 21 日（周一），大盘低开高走，走势良好，似乎已跌无可跌，考虑进场参与，见图 4-86。大盘最终走势符合预期，当日收出阳线，涨幅 1.89%，见图 4-87。

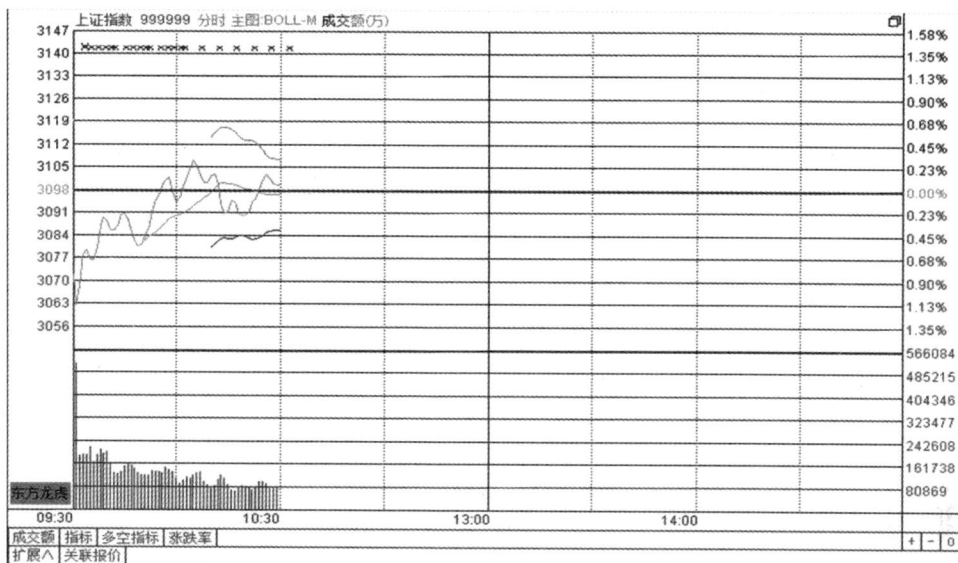

图 4-86　上证指数 2015 年 9 月 21 日早盘分时图

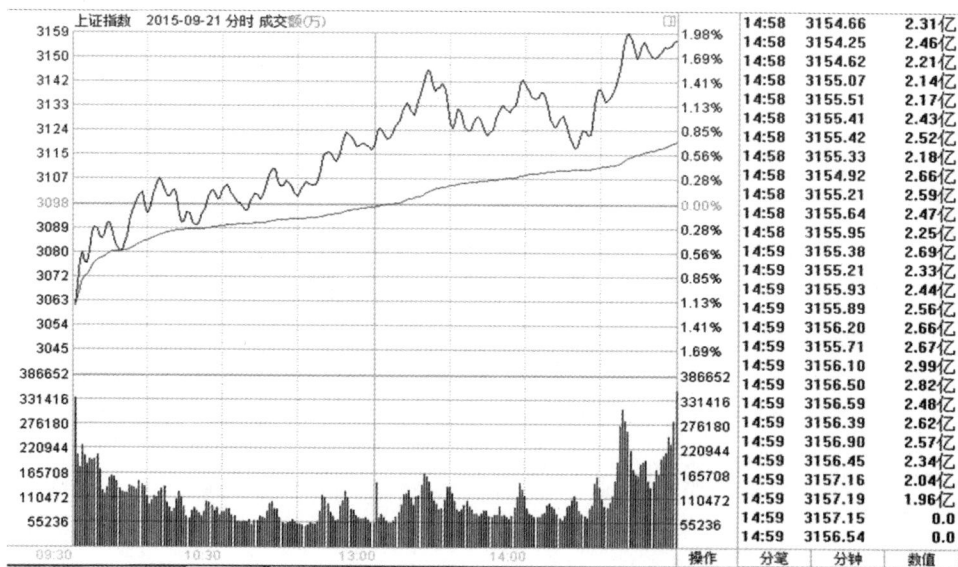

图 4-87　上证指数 2015 年 9 月 21 日收盘分时图

　　2015 年 9 月 21 日日 K 线图，大盘经过几日横向震荡，即将选择方向突破，考虑到已跌深、跌久，向上概率应该大于向下概率，决定进场参与，见图 4-88。此时，量能比上一交易日稍有放大，见图 4-89。

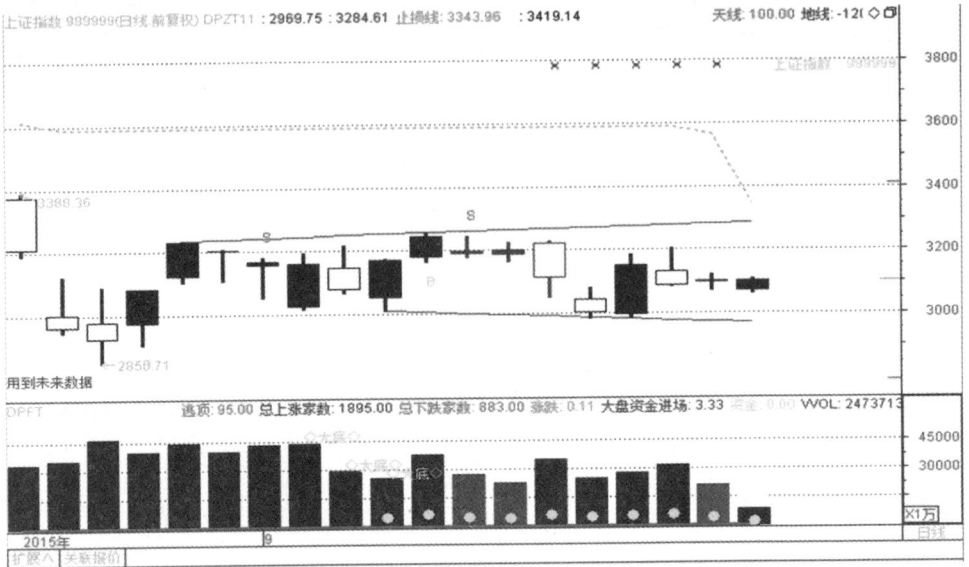

图 4-88 上证指数 2015 年 9 月 21 日早盘虚拟成交量走势图

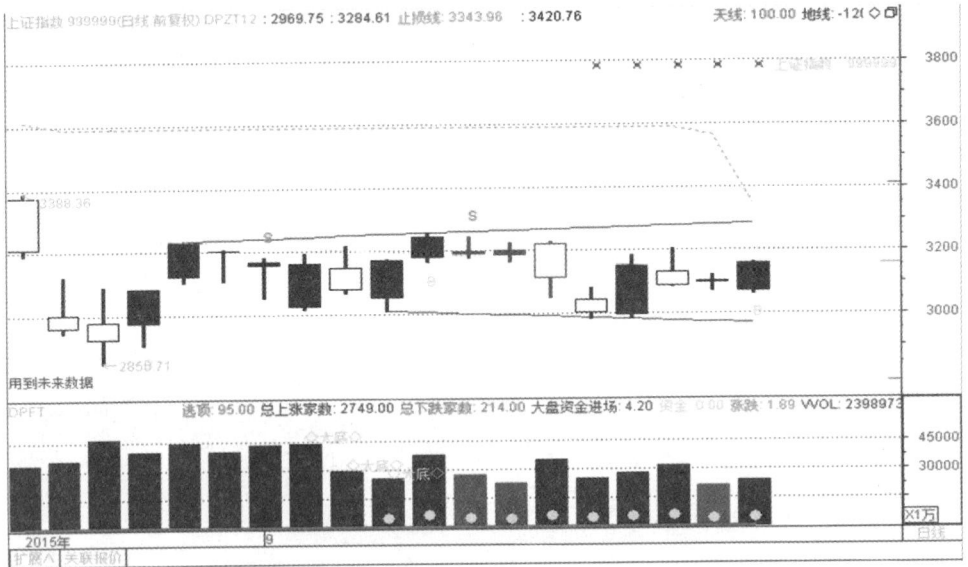

图 4-89 上证指数 2015 年 9 月 21 日收盘走势图

锦江投资低开高走，分时量能配合理想，决定买入仓位 1/3，见图 4-90。早盘拉高后横向震荡，尾盘又再度拉起，收盘涨幅 4.95%，走势良好，见图 4-91。

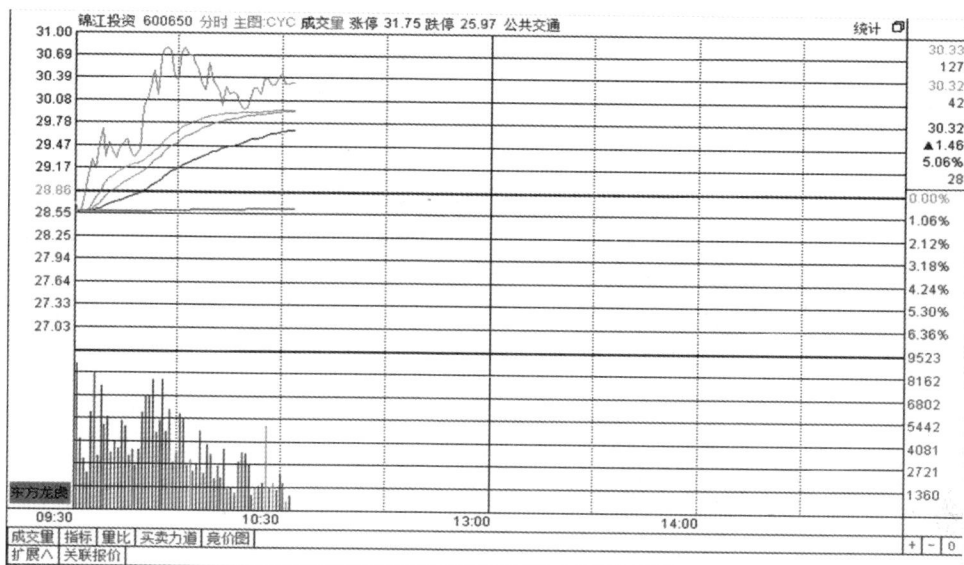

图 4-90　锦江投资 2015 年 9 月 21 日早盘分时图

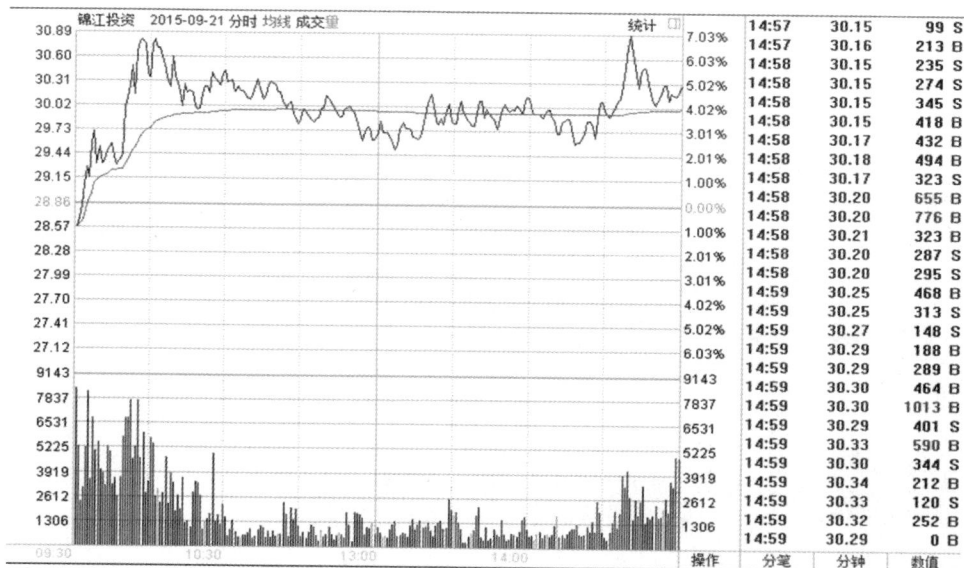

图 4-91　锦江投资 2015 年 9 月 21 日收盘分时图

　　2015 年 9 月 21 日日 K 线图，经过前两日的调整，目前股价已基本到位，量能有所萎缩，可视为洗盘结束点，是介入良机，见图 4-92。最终收出缩量小阳，见图 4-93。

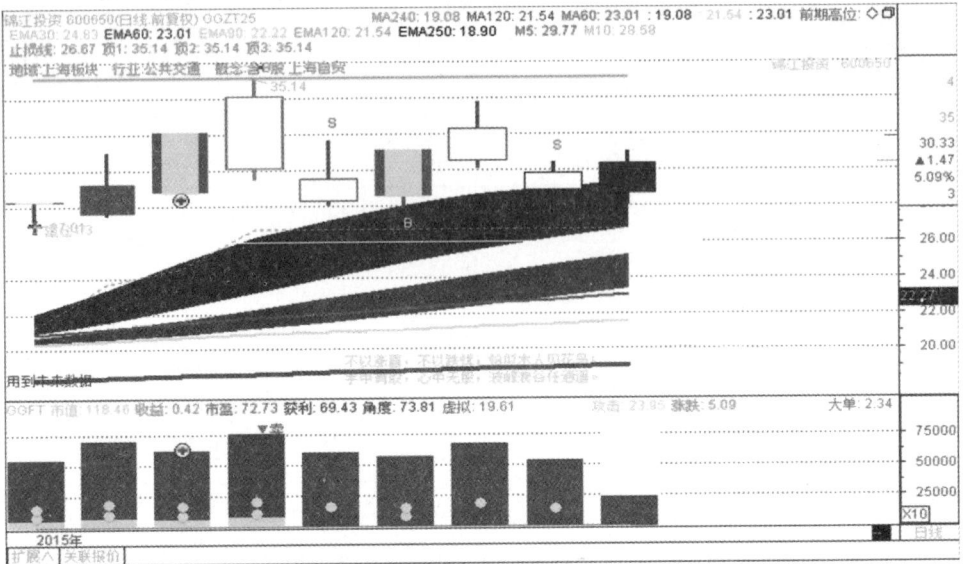

图 4-92 锦江投资 2015 年 9 月 21 日早盘虚拟成交量走势图

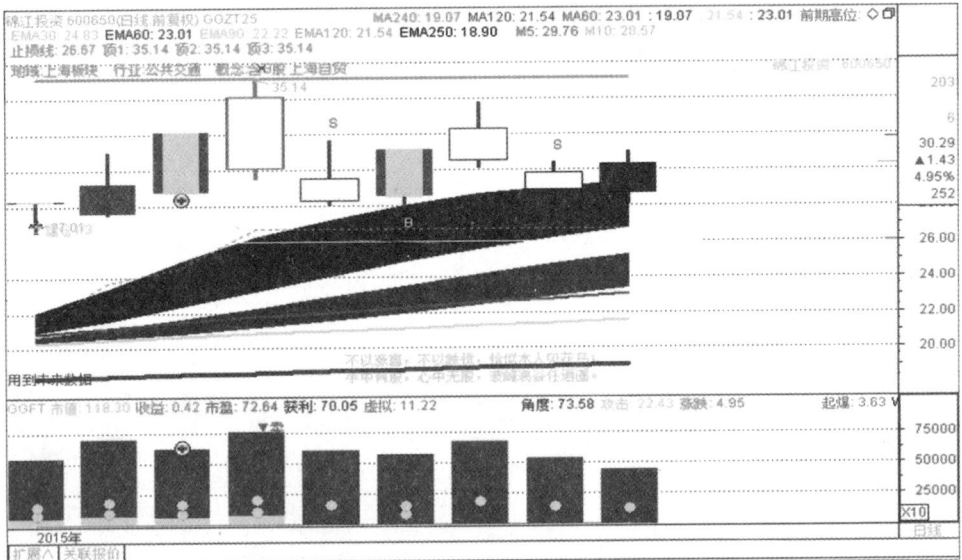

图 4-93 锦江投资 2015 年 9 月 21 日收盘走势图

2015 年 9 月 22 日（周二），大盘小幅高开，之后呈横向震荡走势，见图 4-94。

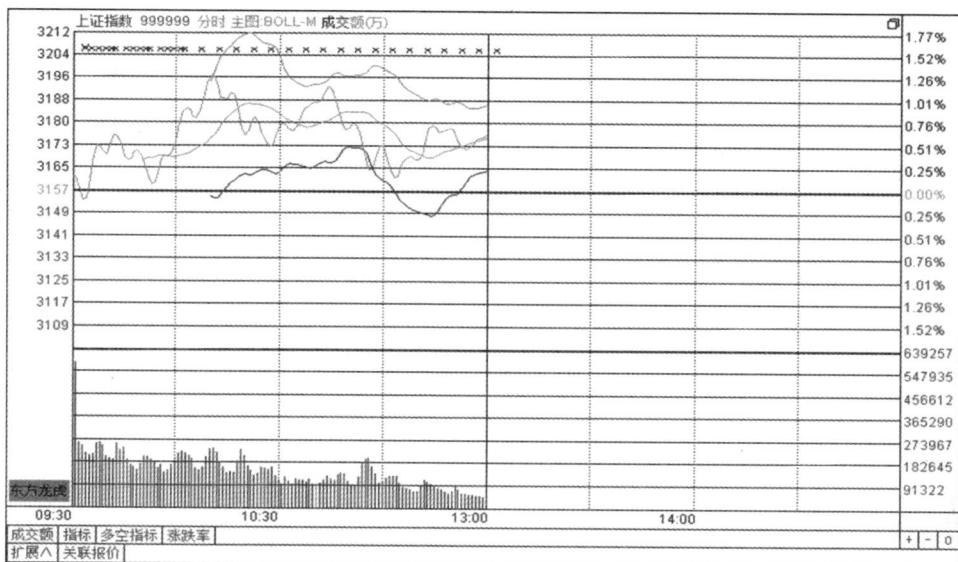

图 4-94　上证指数 2015 年 9 月 22 日早盘至午盘分时图

锦江投资低开后震荡走高，至中午收盘时已有 8.45% 的涨幅，这证明前一天的介入是明智而及时的，见图 4-95。至收盘时，该股封上涨停，表现抢眼，该股也是迪士尼板块的龙头，见图 4-96。

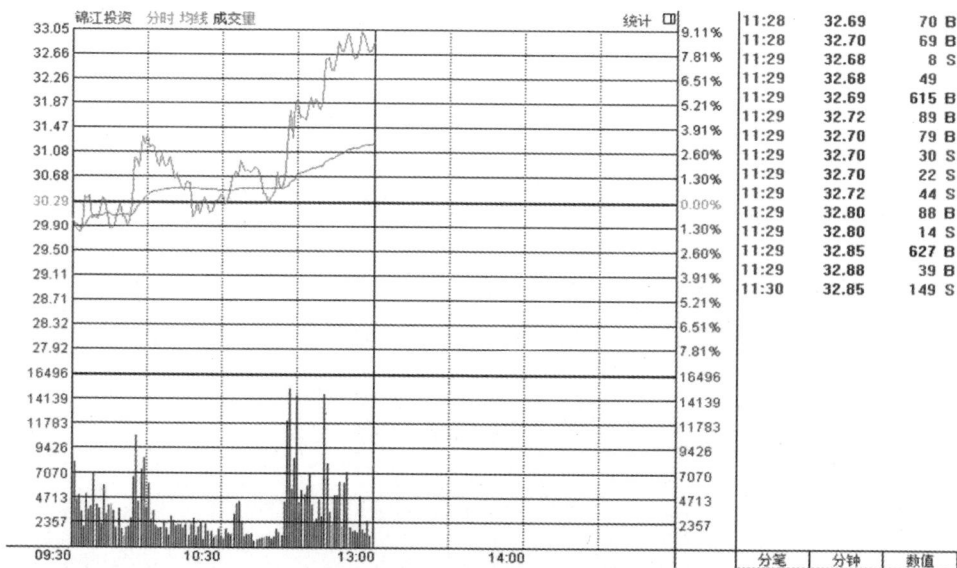

图 4-95　锦江投资 2015 年 9 月 22 日午盘分时图

图 4-96　锦江投资 2015 年 9 月 22 日收盘分时图

当日大盘则收出阳十字星，成交量有所放大，有进一步上攻的迹象，见图 4-97。

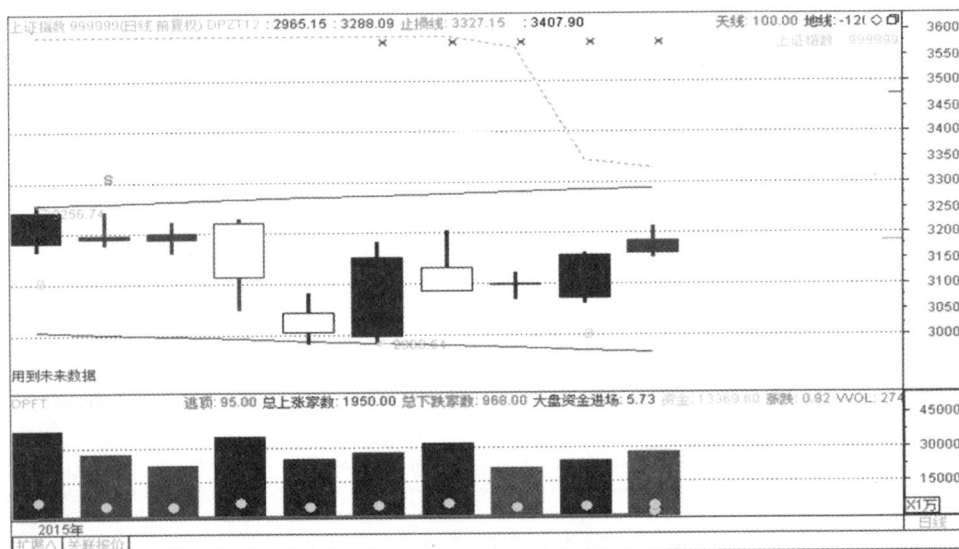

图 4-97　上证指数 2015 年 9 月 22 日走势图

2015 年 9 月 23 日（周三），大盘低开后，经过早盘一波上涨和之后的回落，到中午收盘时创出新低，见图 4-98。尾盘有所回落，属于正常范围内的调整，见图 4-99。

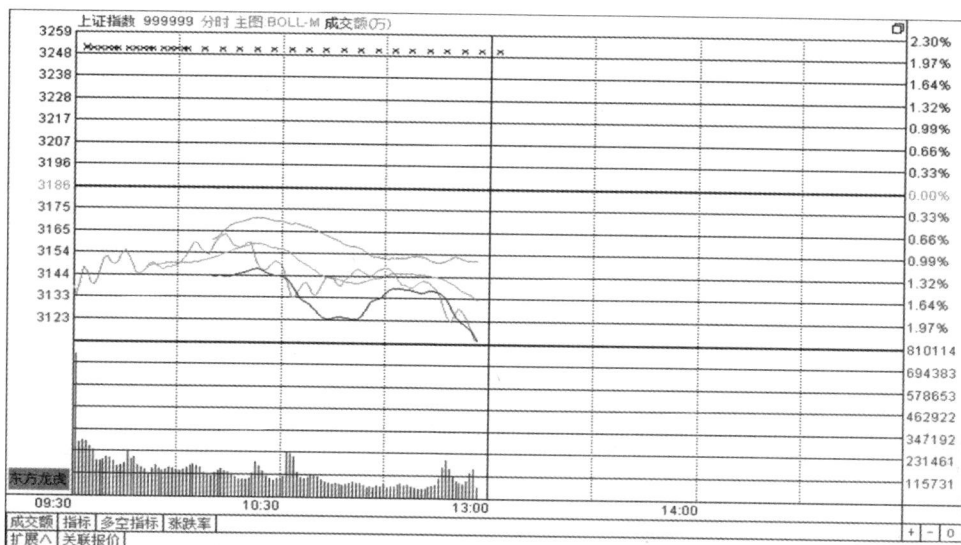

图 4-98　上证指数 2015 年 9 月 23 日午盘分时图

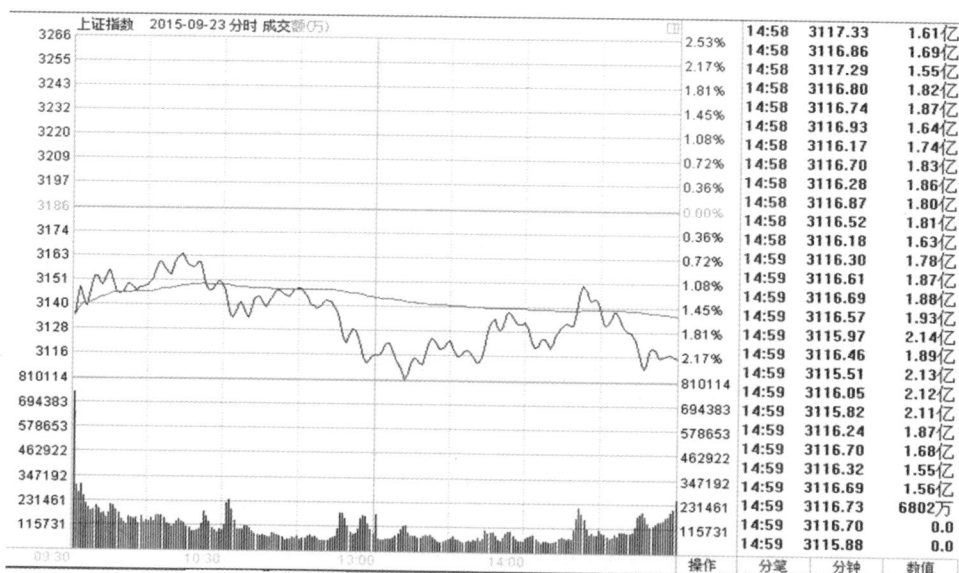

图 4-99　上证指数 2015 年 9 月 23 日收盘分时图

从 2015 年 9 月 23 日日 K 线图上看，K 线形态依旧良好，见图 4-100。

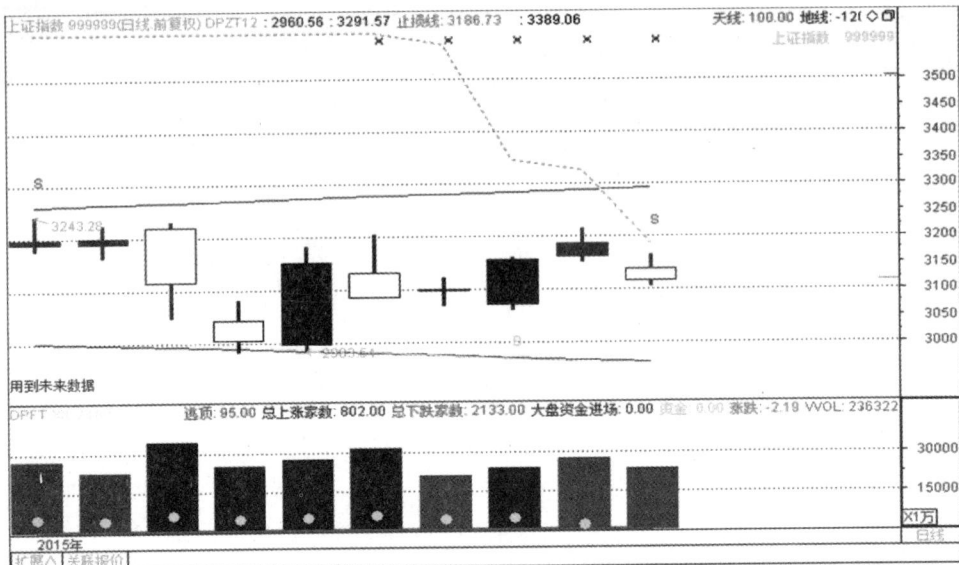

图 4-100　上证指数 2015 年 9 月 23 日走势图

锦江投资也受大盘拖累，低开 3.36%，之后又跌破开盘价，午盘时有所企稳，未再创新低，有底部提高之势，走势强于大盘，见图 4-101。尾盘也随大势回调，见图 4-102。

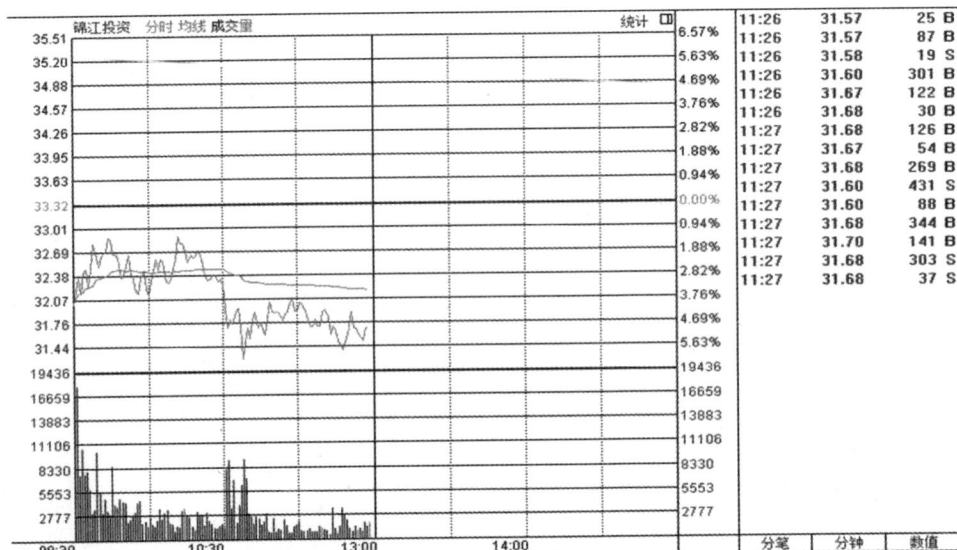

图 4-101　锦江投资 2015 年 9 月 23 日午盘分时图

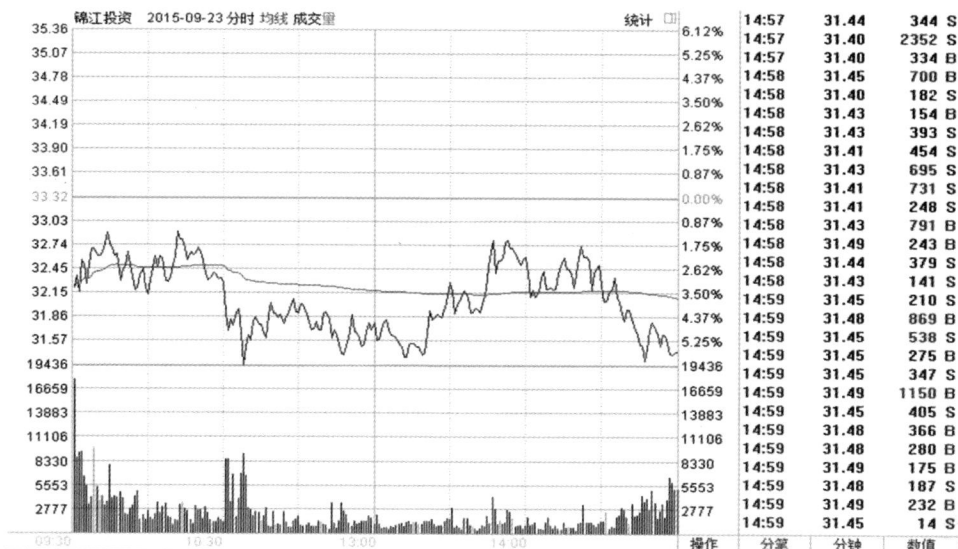

图 4-102　锦江投资 2015 年 9 月 23 日收盘分时图

2015 年 9 月 23 日日 K 线图，收出阴十字星，与前一日大阳线构成孕十字星形态，后市看涨，成交量比昨日稍有萎缩，但依旧是 10% 以上的放量状态，表明主力仍在吸筹，见图 4-103。

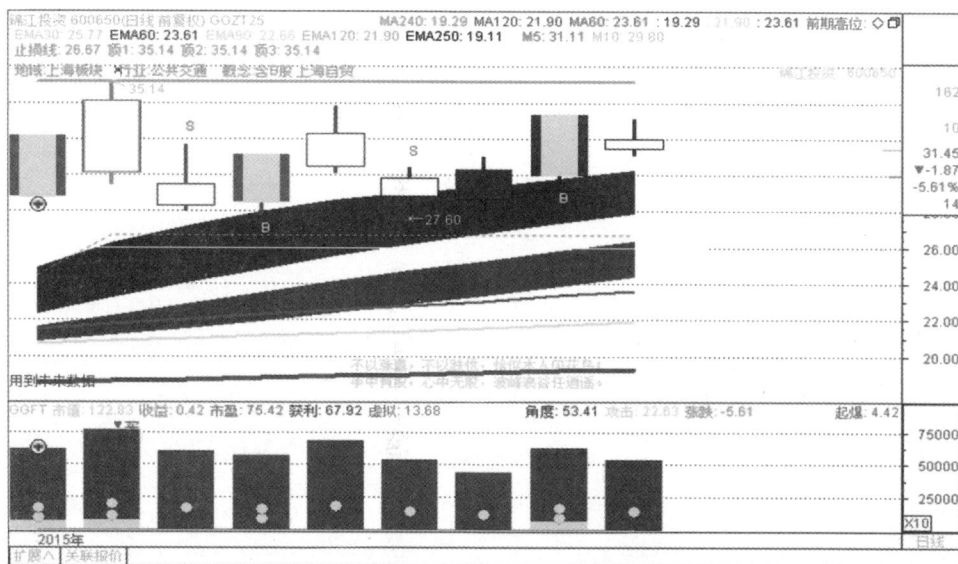

图 4-103　锦江投资 2015 年 9 月 23 日走势图

2015 年 9 月 24 日（周四），大盘整个交易日呈窄幅波动，收出阳

十字星，预示大盘即将选择方向，所谓"静极思动，阴尽生阳"，此时，可静观其变，见图4-104。

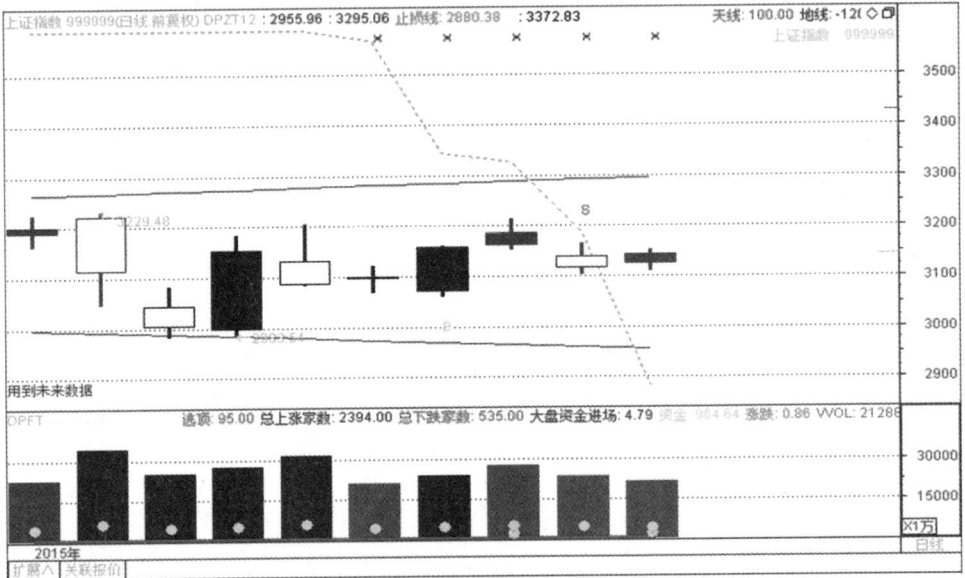

图 4-104　上证指数 2015 年 9 月 24 日走势图

大盘当日分时图，见图 4-105。

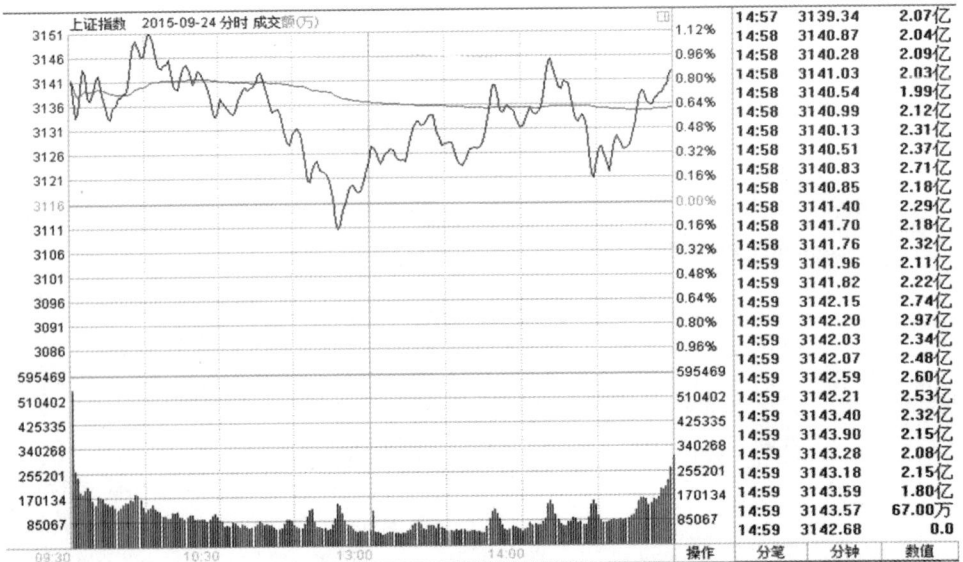

图 4-105　上证指数 2015 年 9 月 24 日收盘分时图

锦江投资虽然也收出十字星，但从分时图上看，与大盘波动并不完全同步，早盘曾有冲高动作，涨幅一度接近 4%，这是庄家主动出击试盘的信号，为下一步向上攻击做好准备，见图 4-106。

图 4-106　锦江投资 2015 年 9 月 24 日分时图

迪士尼板块的副龙头龙头股份，早盘也同样有这样的试盘动作，群庄协同作用迹象明显，见图 4-107。

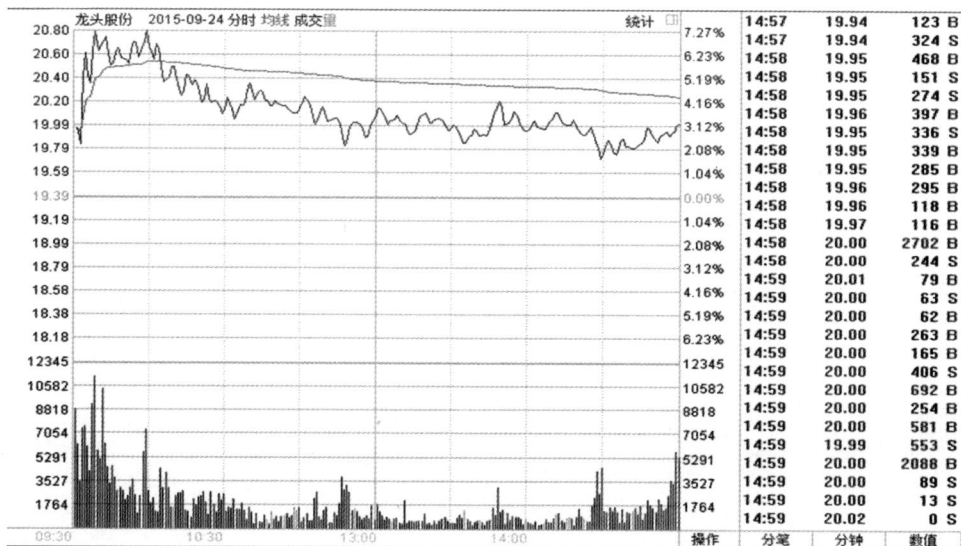

图 4-107　龙头股份 2015 年 9 月 24 日分时图

日线图上，锦江投资成交量进一步萎缩。方框中的整理平台非常扎实，量价配合理想，庄家需要收集足够多的筹码为日后的拉升做好能源储备，见图4-108。

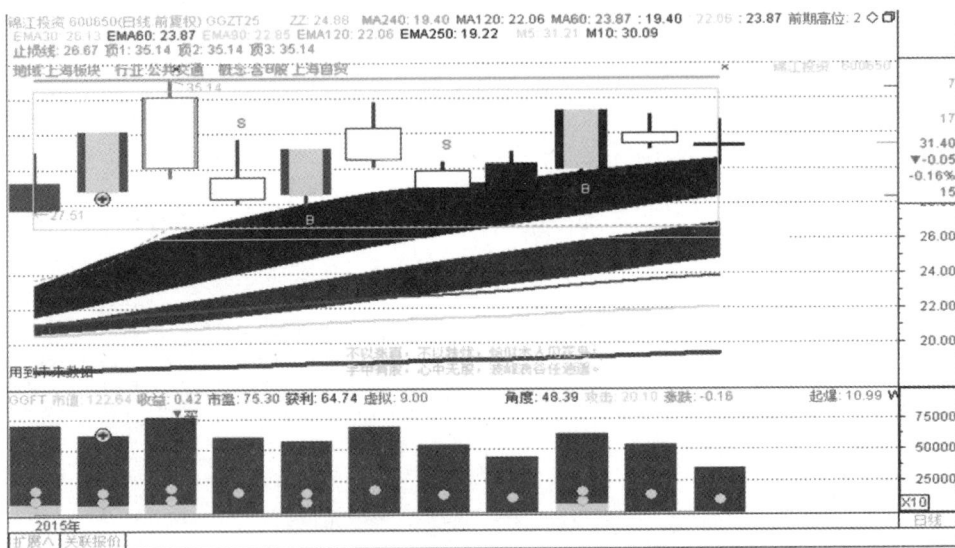

图4-108　锦江投资整理形态示意图

2015年9月25日（周五），锦江投资小幅高开1.59%，早盘有一波上攻动作，之后跌破均价线回调整理，需要注意的是：跌破均价线后的成交量成萎缩状态，是庄家洗盘行为，说明抛压不大，于是庄家又再度放量拉升，上涨成为主旋律，见图4-109。稍作调整后拉升继续，见图4-110。

当日大盘走势并不理想，见图4-111。可见，锦江投资的上涨是庄家主动发起的攻击。大盘在中午接近收盘时大幅回落创出新低，下午开盘后稍有企稳，见图4-112。

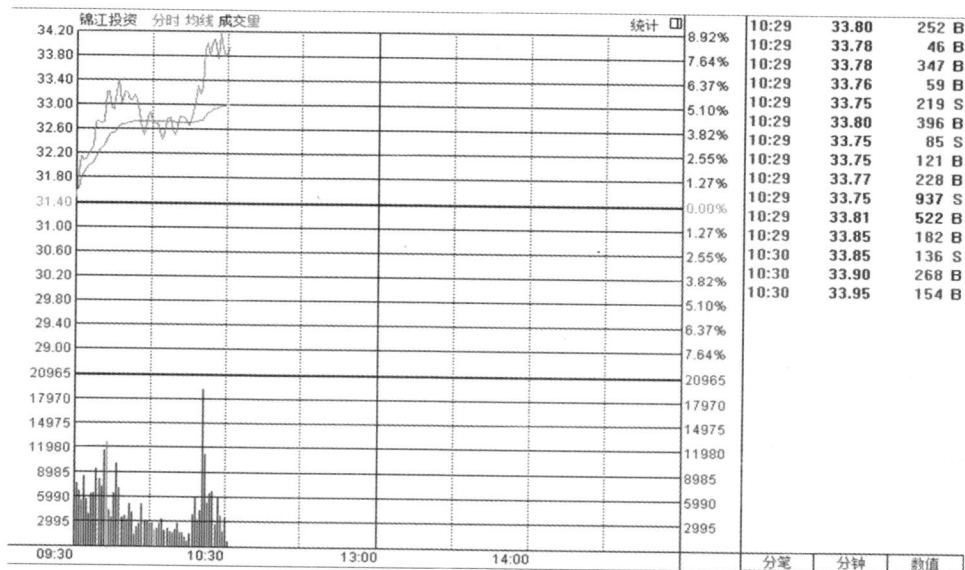

		10:29	33.80	252	B
		10:29	33.78	46	B
		10:29	33.78	347	B
		10:29	33.76	59	B
		10:29	33.75	219	S
		10:29	33.80	396	B
		10:29	33.75	85	S
		10:29	33.75	121	B
		10:29	33.77	228	B
		10:29	33.75	937	S
		10:29	33.81	522	B
		10:29	33.85	182	B
		10:30	33.85	136	S
		10:30	33.90	268	B
		10:30	33.95	154	B

图 4-109　锦江投资 2015 年 9 月 25 日早盘分时图

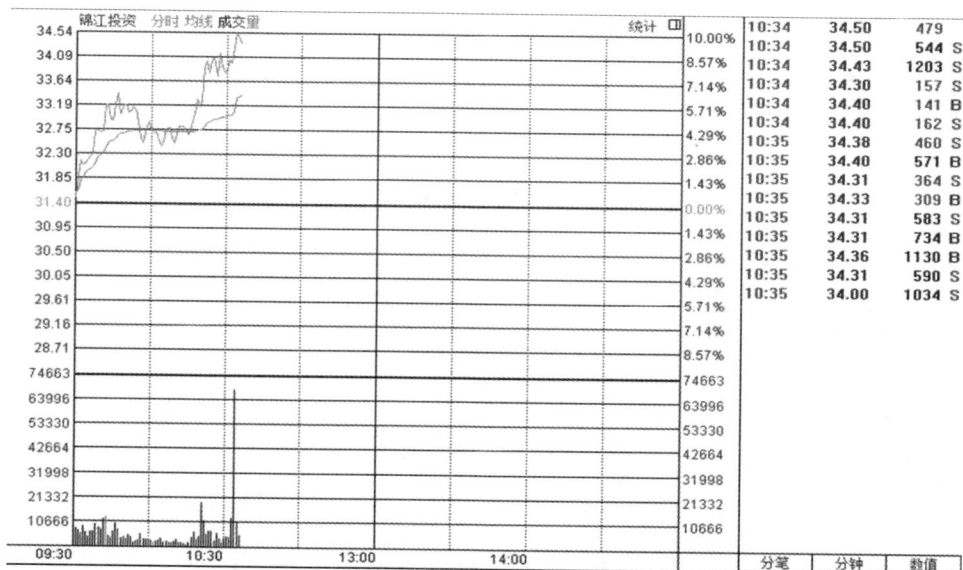

		10:34	34.50	479	
		10:34	34.50	544	S
		10:34	34.43	1203	S
		10:34	34.30	157	S
		10:34	34.40	141	B
		10:34	34.40	162	S
		10:35	34.38	460	S
		10:35	34.40	571	B
		10:35	34.31	364	S
		10:35	34.33	309	B
		10:35	34.31	583	S
		10:35	34.31	734	B
		10:35	34.36	1130	B
		10:35	34.31	590	S
		10:35	34.00	1034	S

图 4-110　锦江投资 2015 年 9 月 25 日早盘分时图

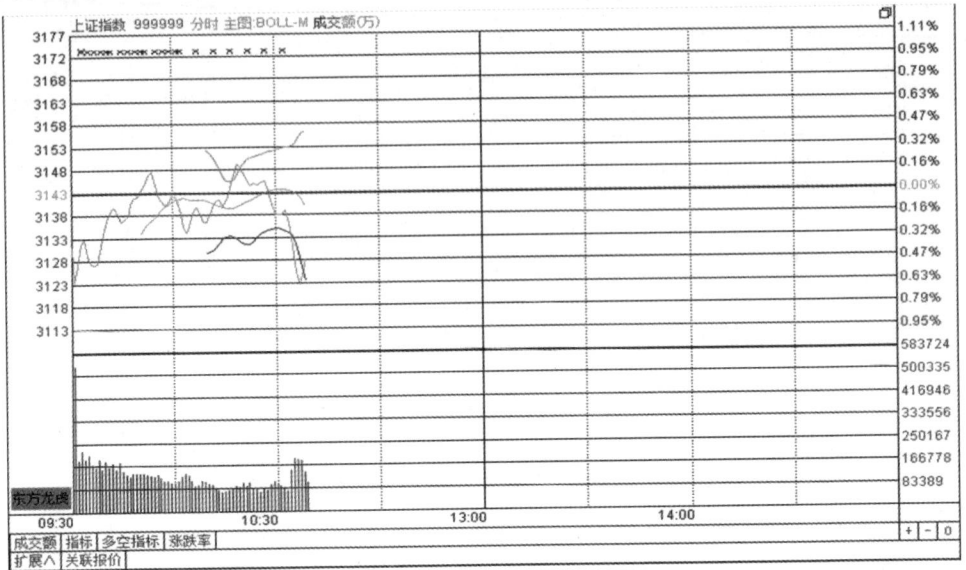

图 4-111 上证指数 2015 年 9 月 25 日早盘分时图

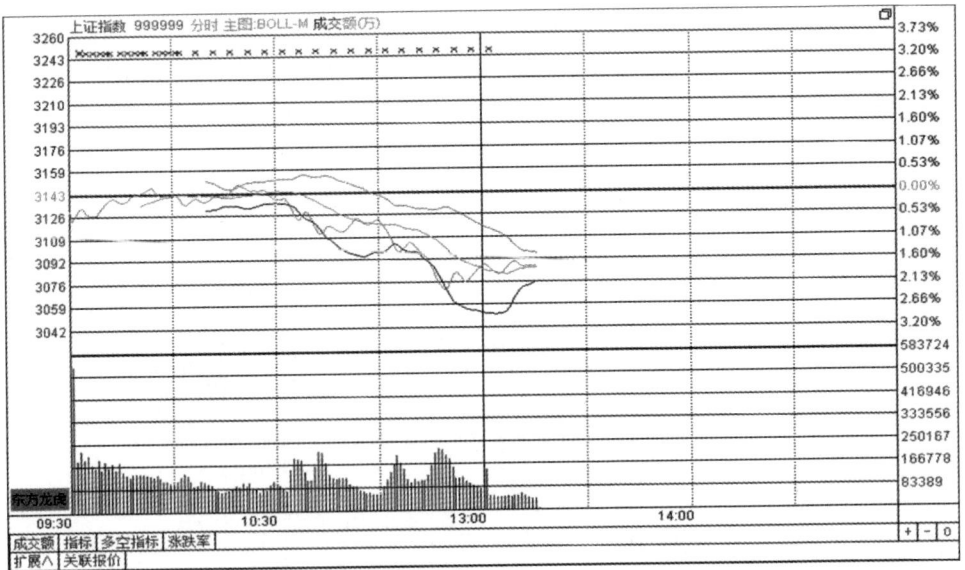

图 4-112 上证指数 2015 年 9 月 25 日午盘分时图

锦江投资也受到大盘拖累，顺势回调，午后开盘也随大盘重拾升势，重新站上均价线，见图 4-113。

尾盘大盘跳水，见图 4-114。

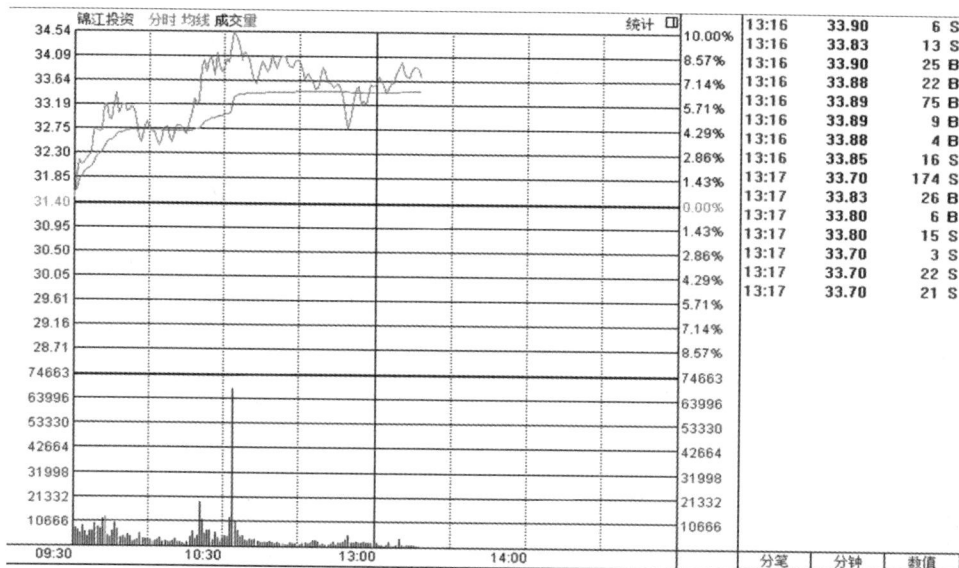

图 4-113　锦江投资 2015 年 9 月 25 日午盘分时图

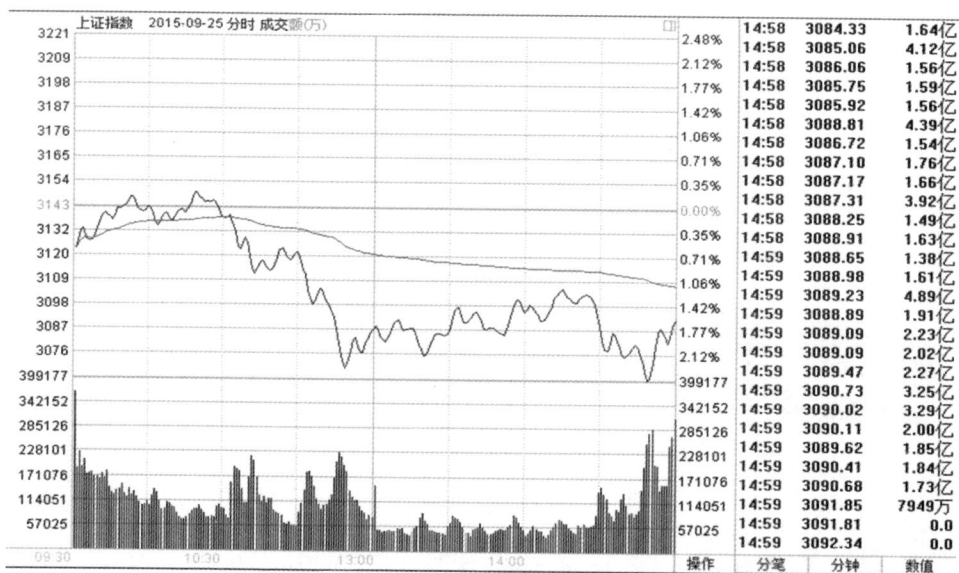

图 4-114　上证指数 2015 年 9 月 25 日收盘分时图

　　在大盘尾盘跳水的情况下，锦江投资表现坚挺，股价收于均价线之上，收盘涨幅 7.96%，庄家控盘能力很强，继续看好后势，持股待涨，见图 4-115。

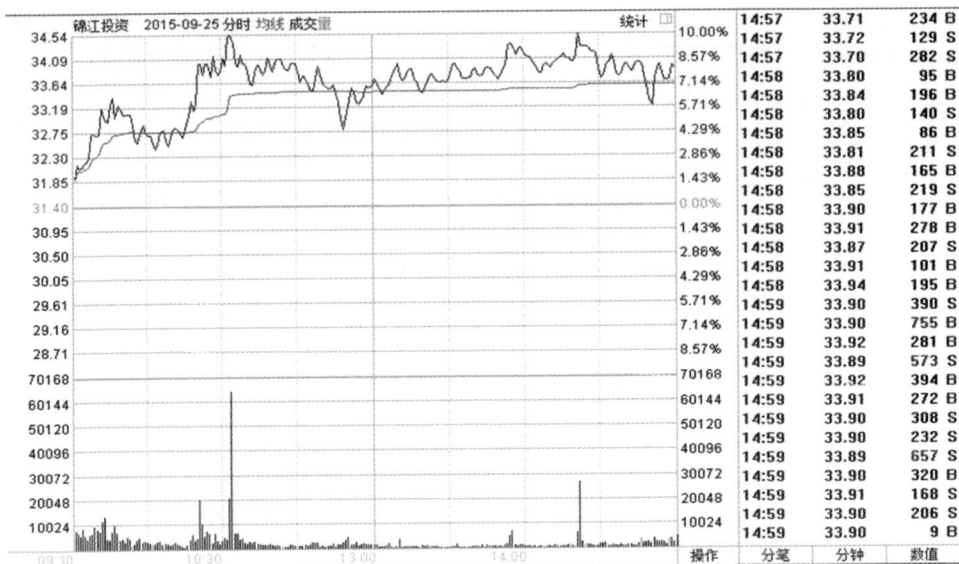

图 4-115　锦江投资 2015 年 9 月 25 日收盘分时图

日线图上，放量收出大阳线，左侧高点突破在即，见图 4-116。

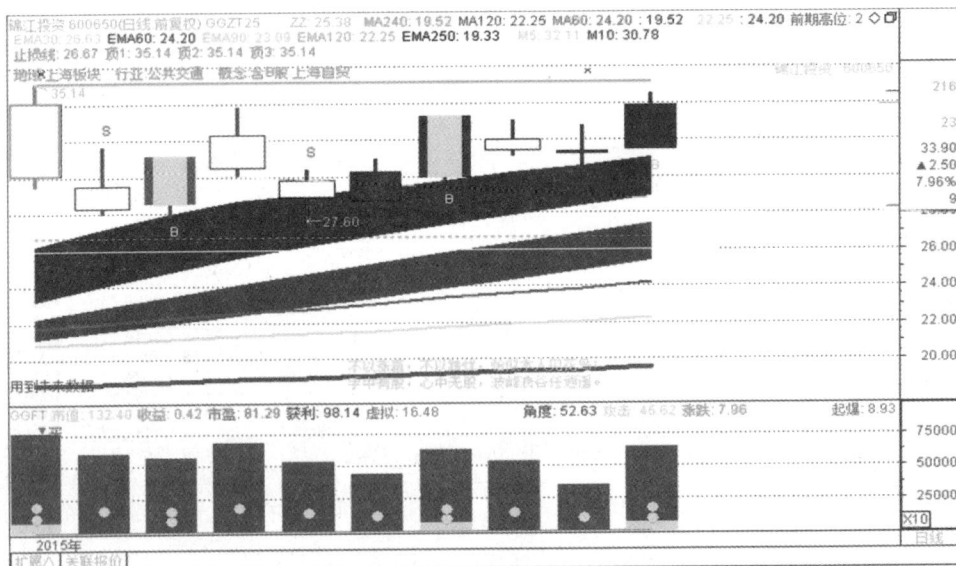

图 4-116　锦江投资 2015 年 9 月 25 日走势图

2015 年 9 月 28 日（周一），大盘先抑后扬，接近中午收盘时创出开盘新高，见图 4-117。

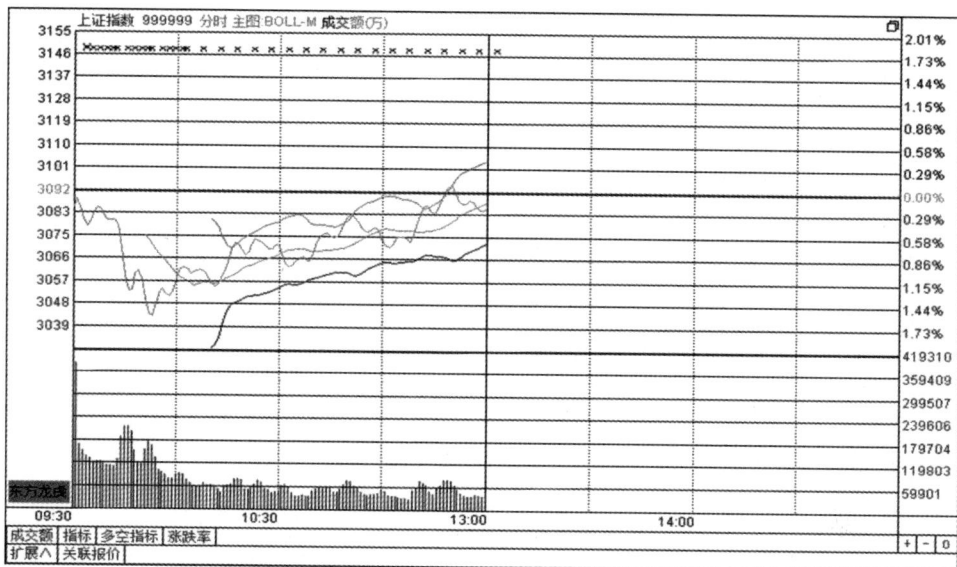

图 4-117　上证指数 2015 年 9 月 28 日午盘分时图

　　从分时图看，锦江投资先于大盘调整，中午收盘也未创出新高，走势弱于大盘，可视为是一种主动调整，突破左侧高点之前继续洗盘，见图 4-118。下午随大势回升，见图 4-119。

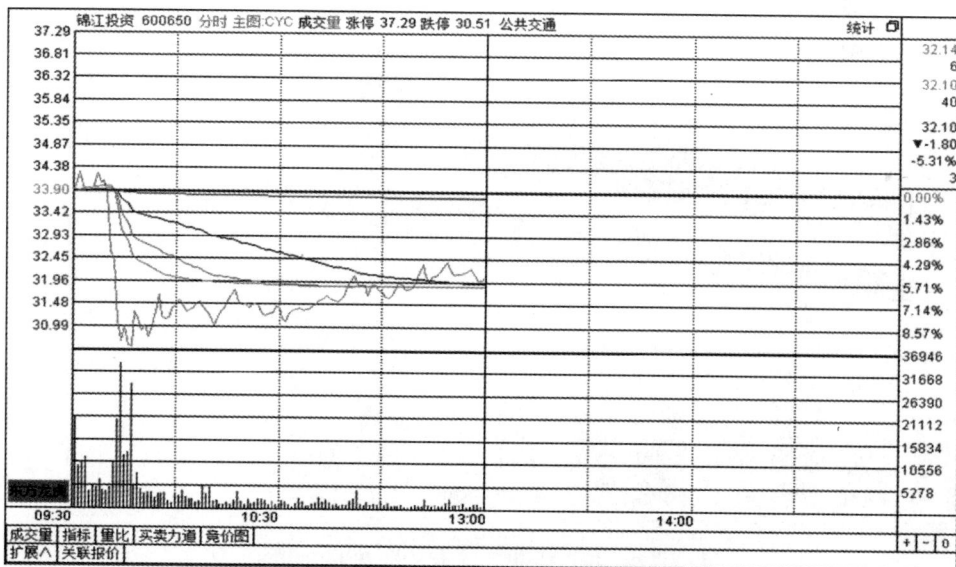

图 4-118　锦江投资 2015 年 9 月 28 日午盘分时图

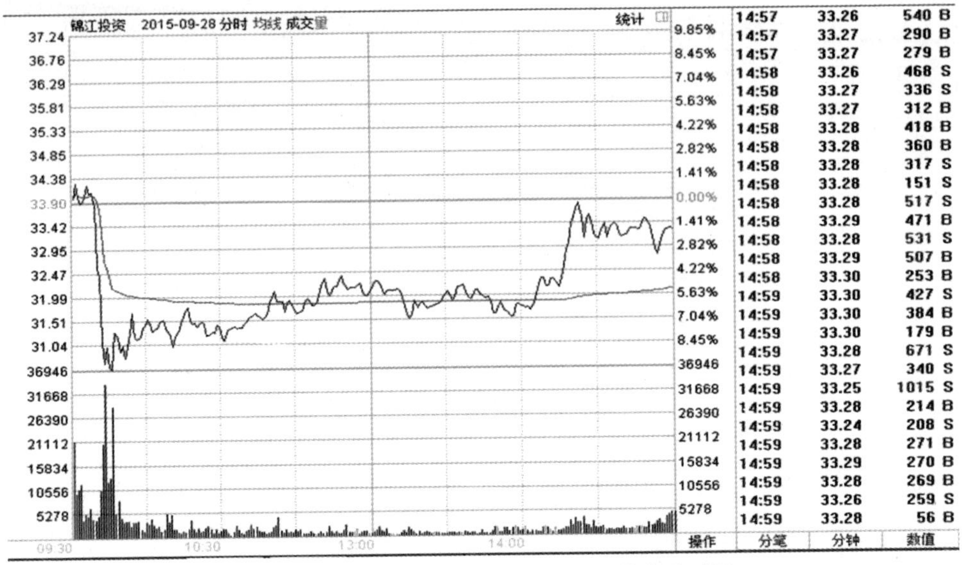

图 4-119　锦江投资 2015 年 9 月 28 日收盘分时图

　　2015 年 9 月 28 日日 K 线图，收出带长下影的阴十字星，成交量比之前略有萎缩，但仍有 13.46%，可见主力仍在其中吸货，见图 4-120。

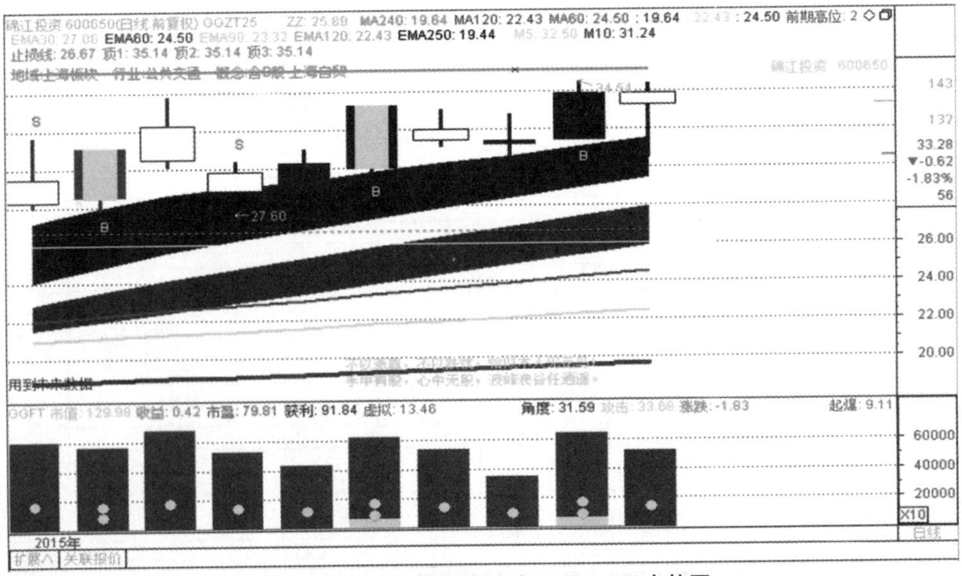

图 4-120　锦江投资 2015 年 9 月 28 日走势图

　　大盘收盘微涨 0.27%，成交量萎缩到近几个月的最低值，所谓

"地量见地价"，即便这里不是这波调整的最低点，也不会太远了，见图 4–121。

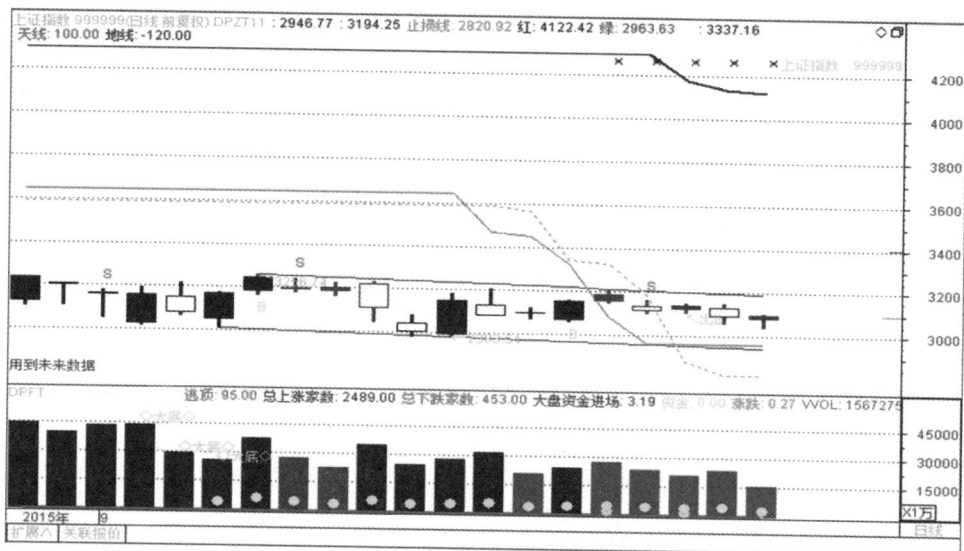

图 4–121　上证指数 2015 年 9 月 28 日走势图

2015 年 9 月 29 日（周二），大盘低开后，经过横向震荡，未触及前一日收盘价，之后开始下跌，至中午收盘时创出开盘新低，走势较弱，见图 4–122。下午有一波杀跌，之后又有所回升，见图 4–123。

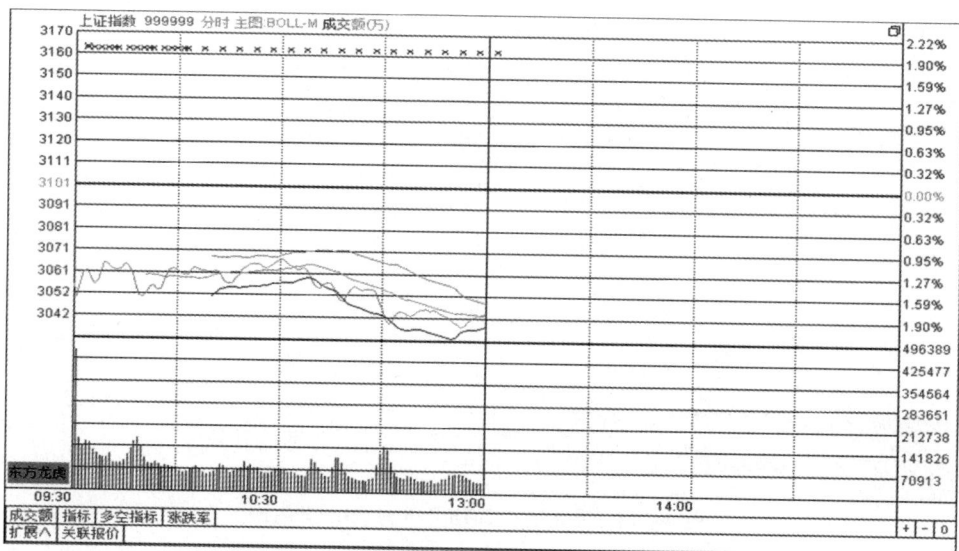

图 4–122　上证指数 2015 年 9 月 29 日午盘分时图

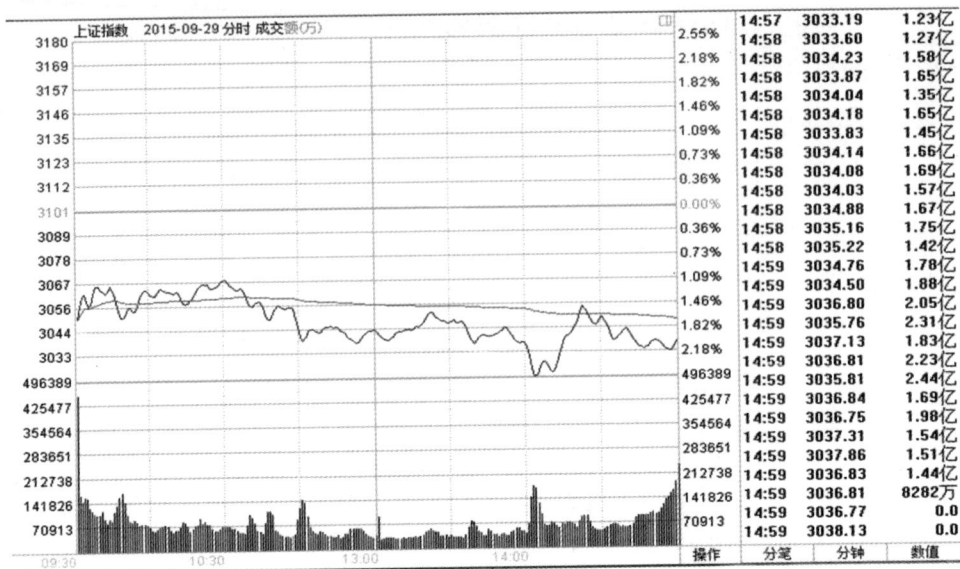

图 4-123　上证指数 2015 年 9 月 29 日收盘分时图

锦江投资也随大盘大幅低开，震荡跌破开盘价后开始拉升，创出当日新高，之后又震荡下跌，但仍在开盘价之上运行，走势强于大盘，主力护盘迹象明显，见图 4-124。

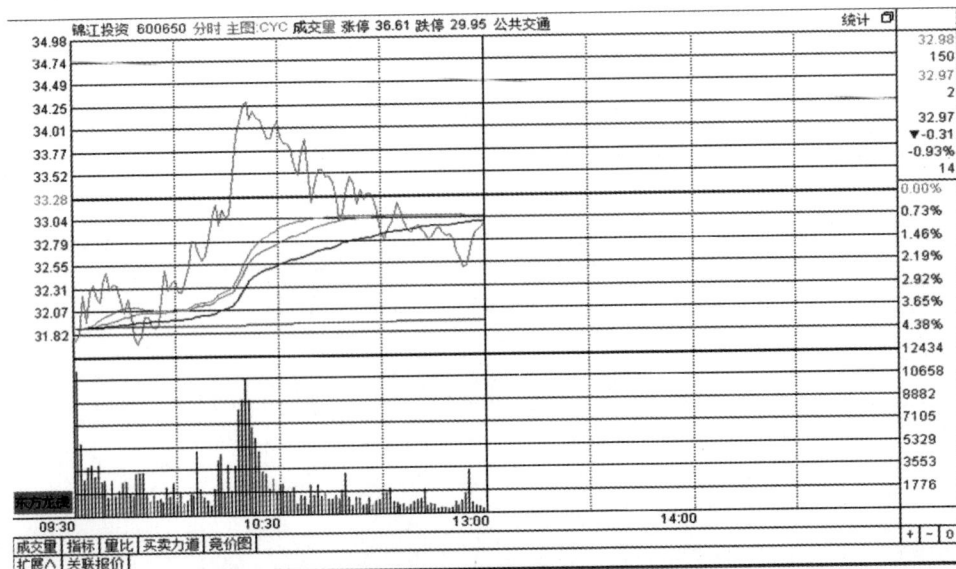

图 4-124　锦江投资 2015 年 9 月 29 日分时图

日线图上，锦江投资受大盘影响，收出带长上影射击线，成交量有所萎缩，洗盘迹象明显，昨天是长下影，今天是长上影，昨天是测试下档支撑，今天是测试上档压力，试盘动作频繁，离最后的正式启动为期不远了，见图4-125。

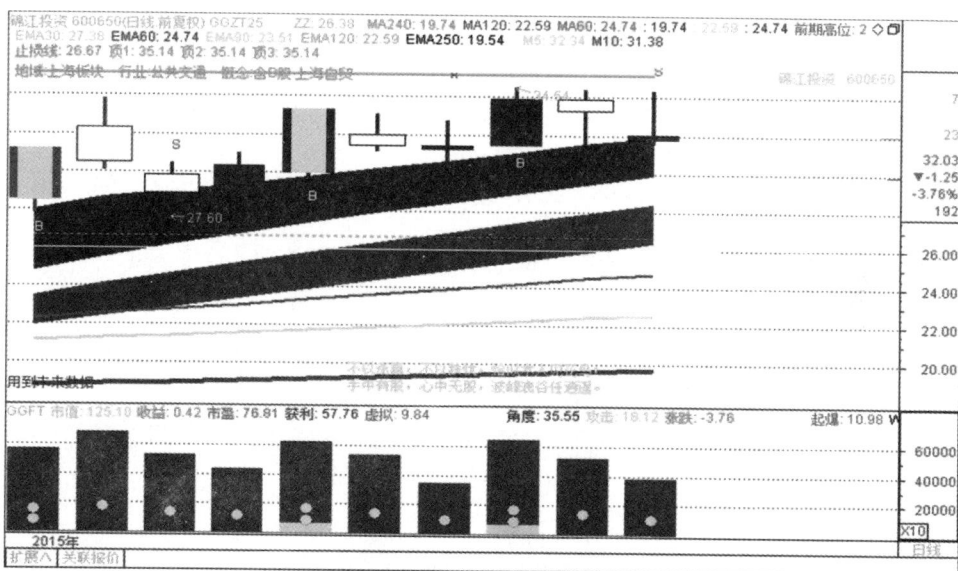

图 4-125　锦江投资 2015 年 9 月 29 日走势图

2015 年 9 月 30 日（周三），国庆节前最后一个交易日，大盘创出新的地量，并收出十字星，黎明前的黑暗，变盘一触即发，见图4-126。

锦江投资收出中阴，成交量继续萎缩，股价重心进一步下移，收盘仍高于笔者买入价，笔者并不担心，且看好其后期走势，这不是盲目自信，而是基于大盘以及目标股基本面与技术面的综合判断，见图4-127。

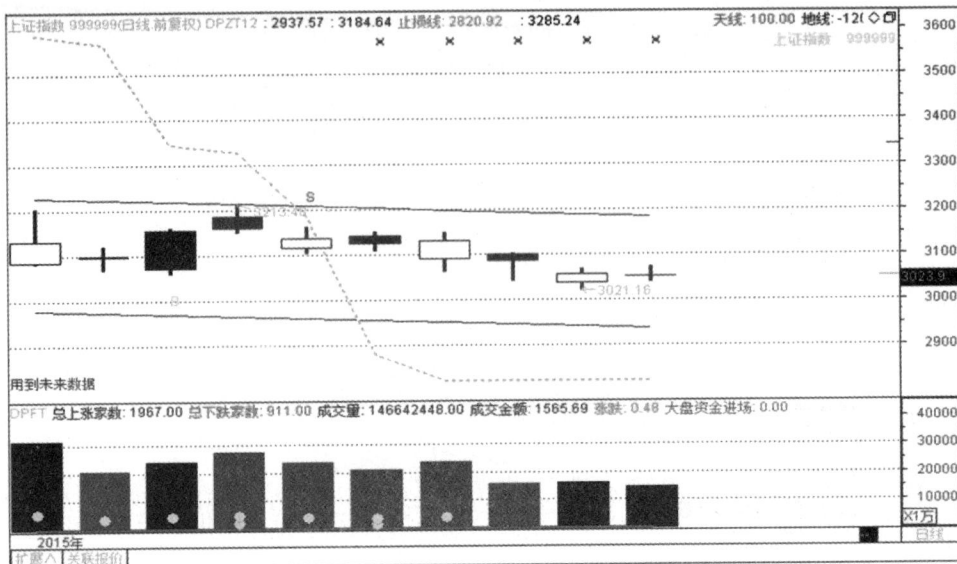

图 4-126　上证指数 2015 年 9 月 30 日走势图

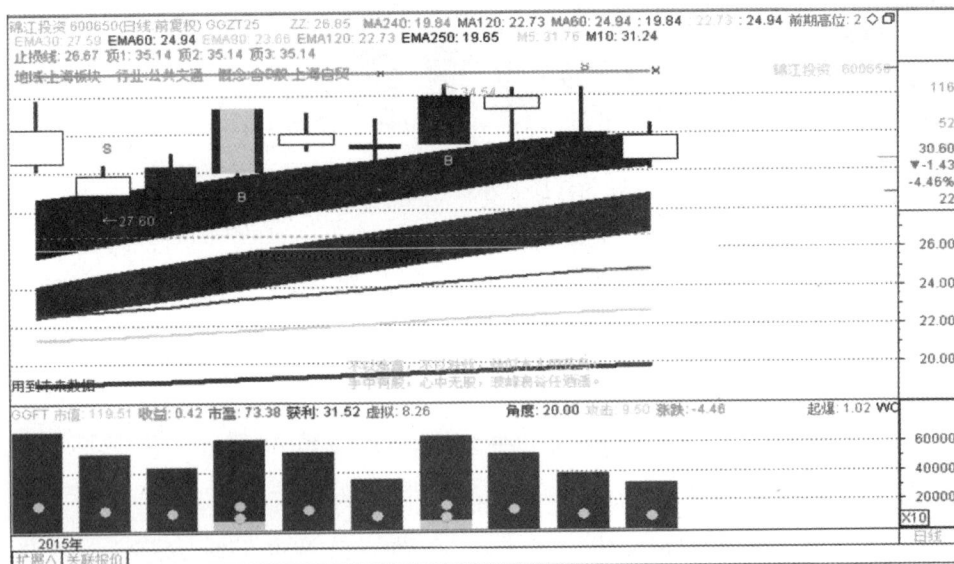

图 4-127　锦江投资 2015 年 9 月 30 日走势图

　　从周线图上看，攻击架势已经搭好，迪士尼很快也将公布开园日期，万事俱备只欠东风，见图 4-128。

　　迪士尼板块的龙头股份，也已准备就绪，即将启动，见图 4-129。

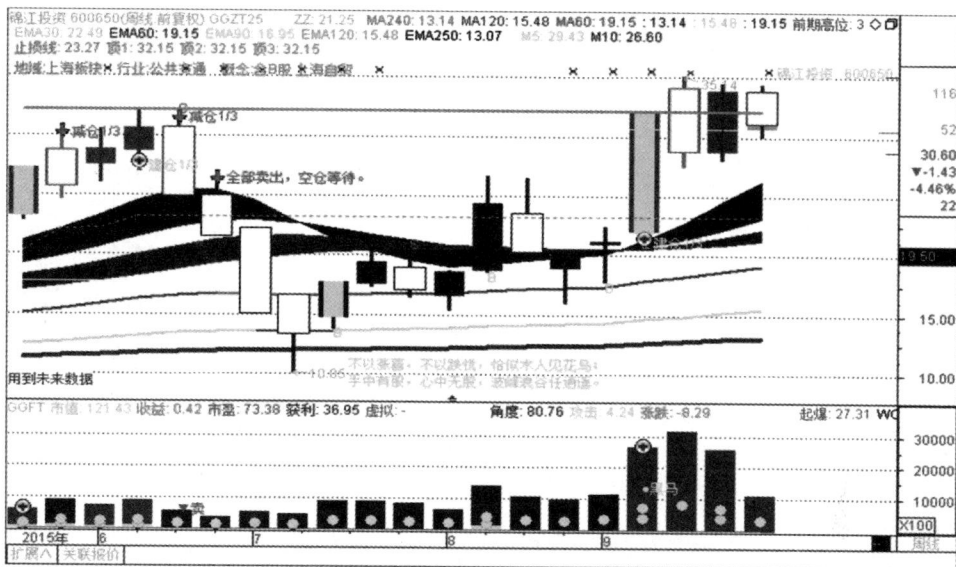

图 4-128　锦江投资走势图（周线）

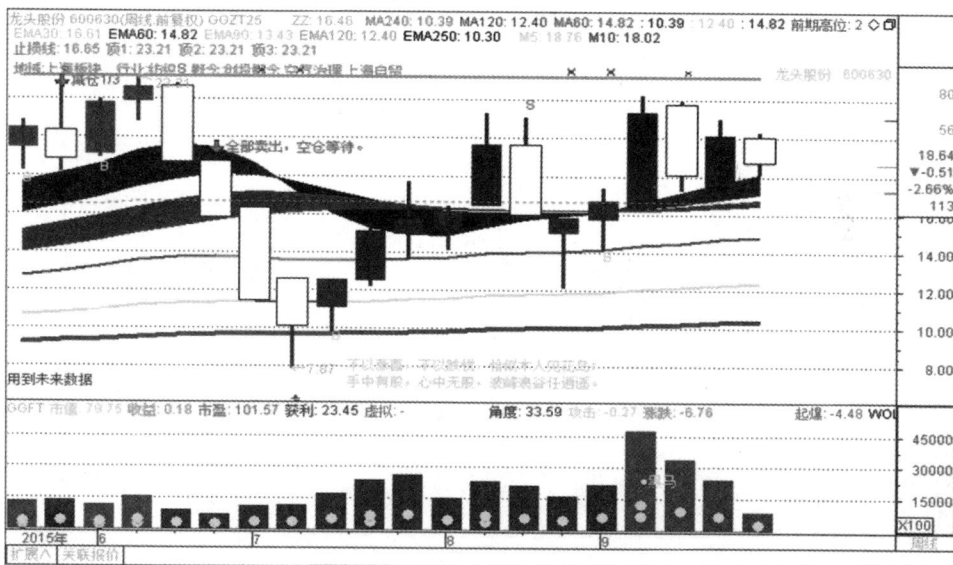

图 4-129　龙头股份走势图（周线）

2015 年 10 月 8 日（周四），国庆长假后的首个交易日，受外围股市大涨影响，大盘呈高开震荡走势，见图 4-130。

日线图上，大盘放量冲高，几乎触及整理形态的上轨，是否能突破答案即将揭晓，见图 4-131。

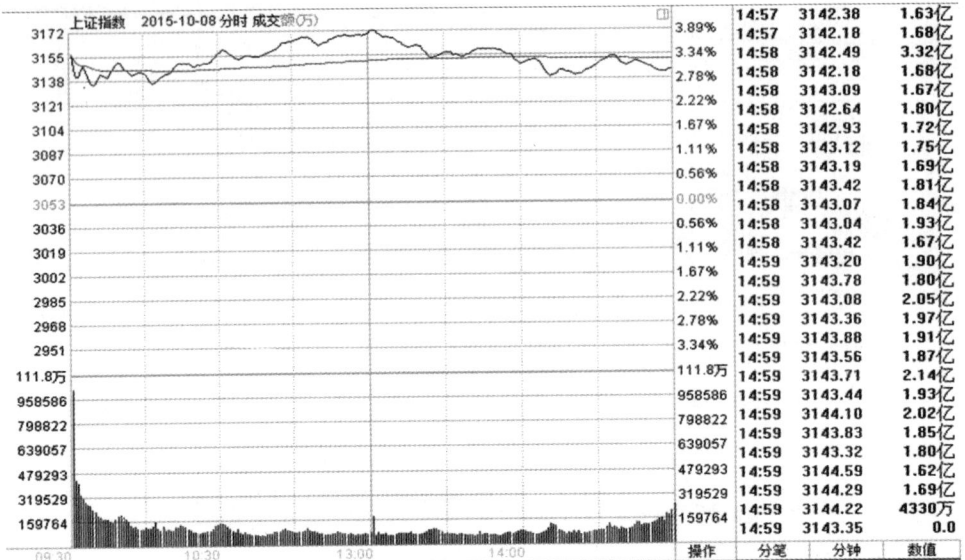

图 4-130　上证指数 2015 年 10 月 8 日分时图

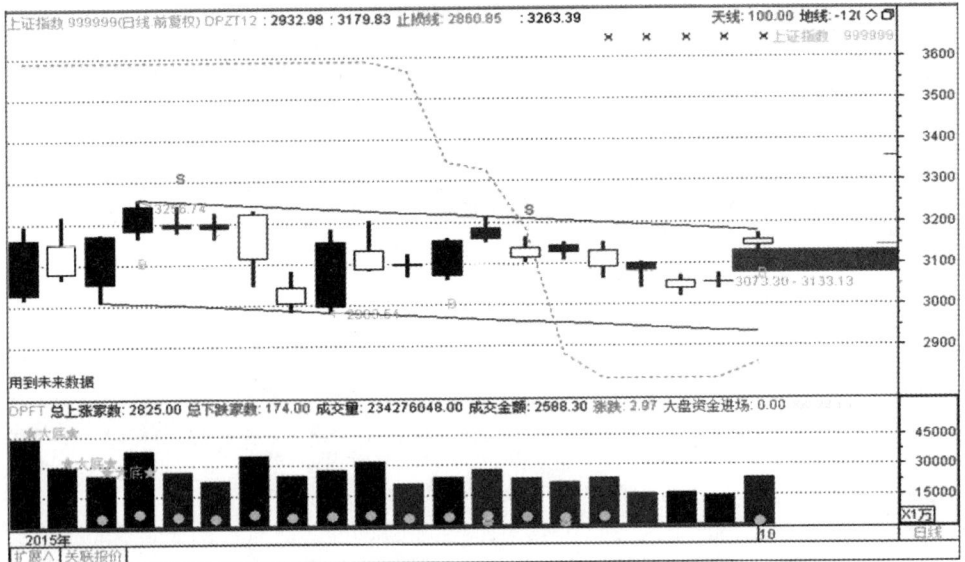

图 4-131　上证指数 2015 年 10 月 8 日走势图

　　锦江投资随大势波动，但尾盘有所异动，有试盘和收集筹码迹象，见图 4-132。

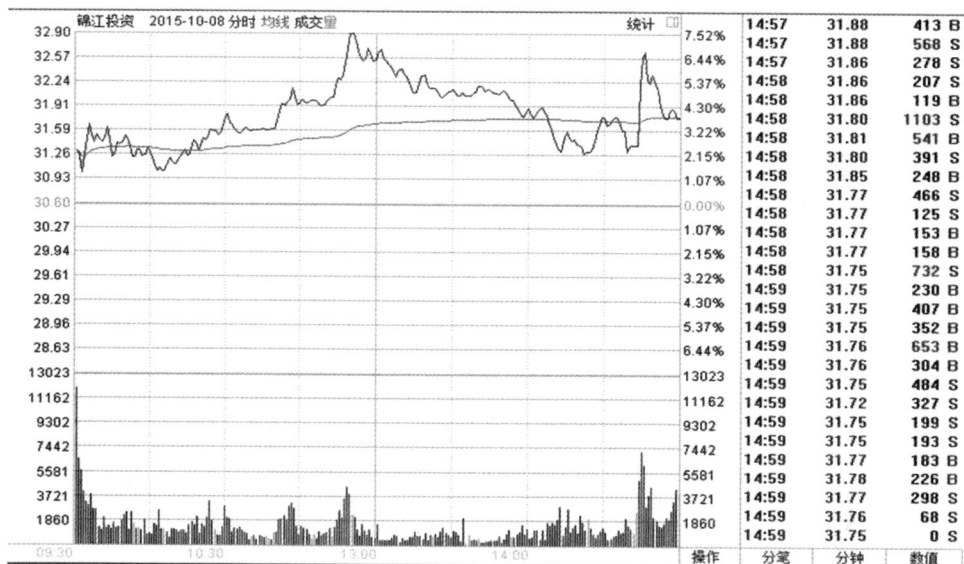

図 4-132 锦江投资 2015 年 10 月 8 日分时图

迪士尼板块其他个股走势雷同，见图 4-133、图 4-134。

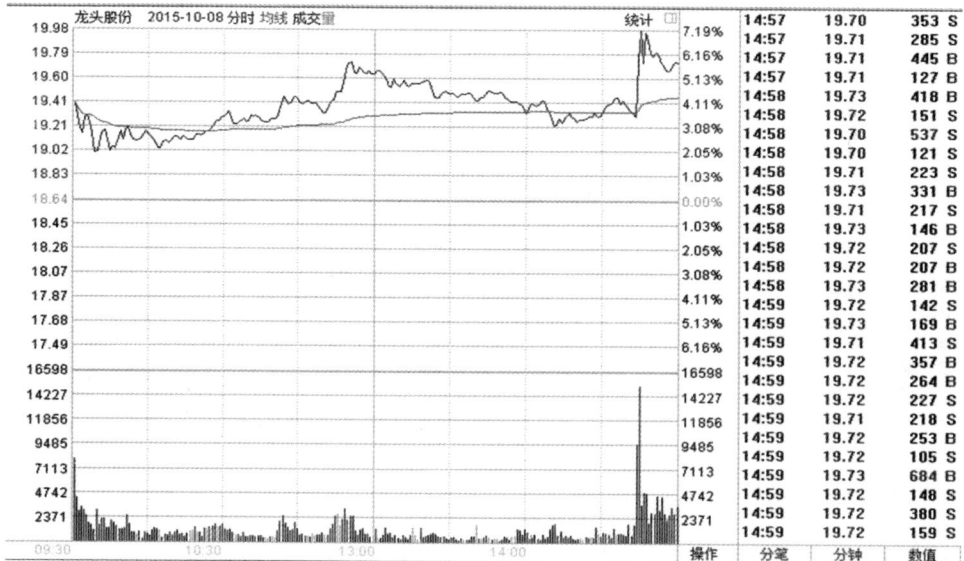

图 4-133 龙头股份 2015 年 10 月 8 日分时图

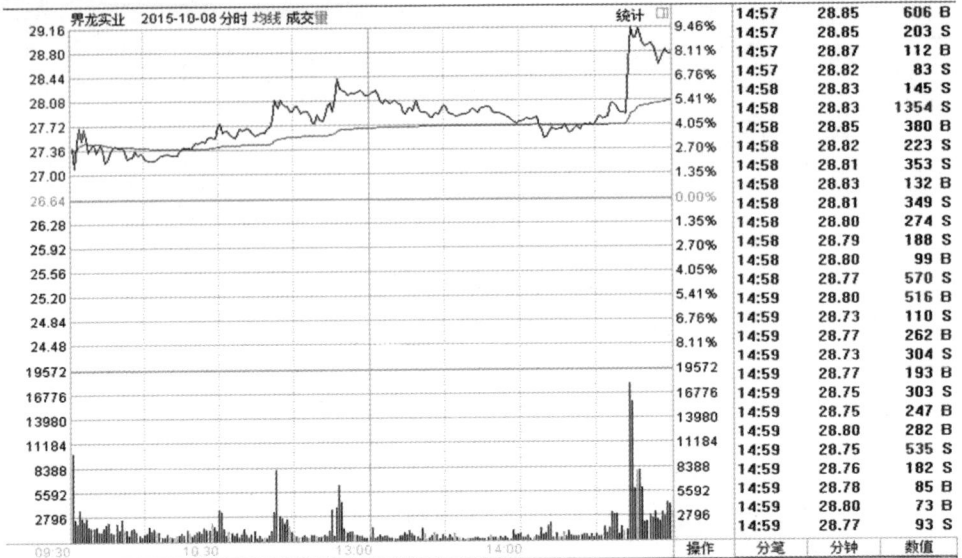

图 4-134　界龙实业 2015 年 10 月 8 日分时图

2015 年 10 月 9 日（周五），大盘低开高走，涨幅为 1.27%，突破整理三角形态上轨，成交量基本与前一日持平，继续看好后势，见图 4-135。

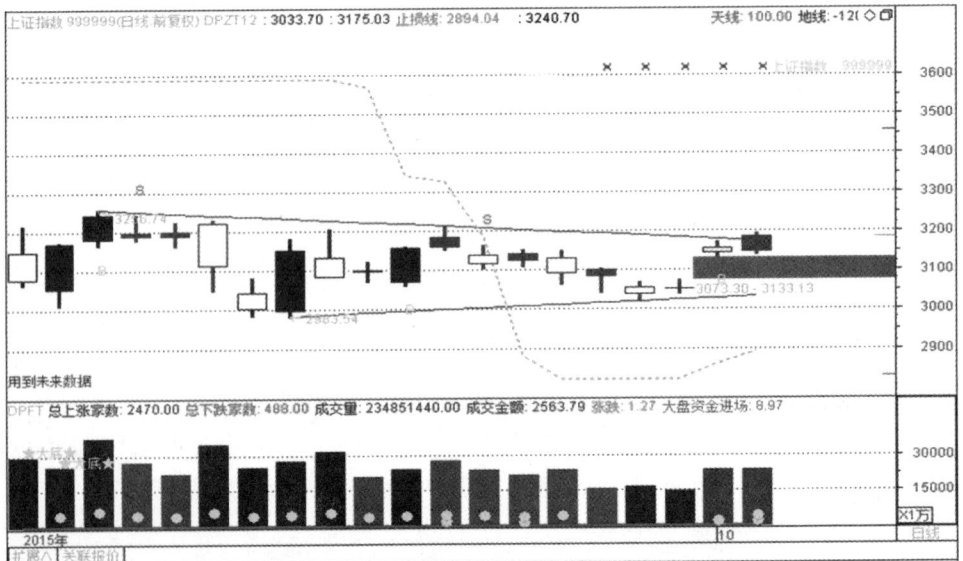

图 4-135　上证指数 2015 年 10 月 9 日走势图

锦江投资未随大势波动，低开震荡走势，收出十字星，成交量进一步萎缩，继续洗盘格局，看来主力还在等待时机，继续耐心等待，见图4-136。

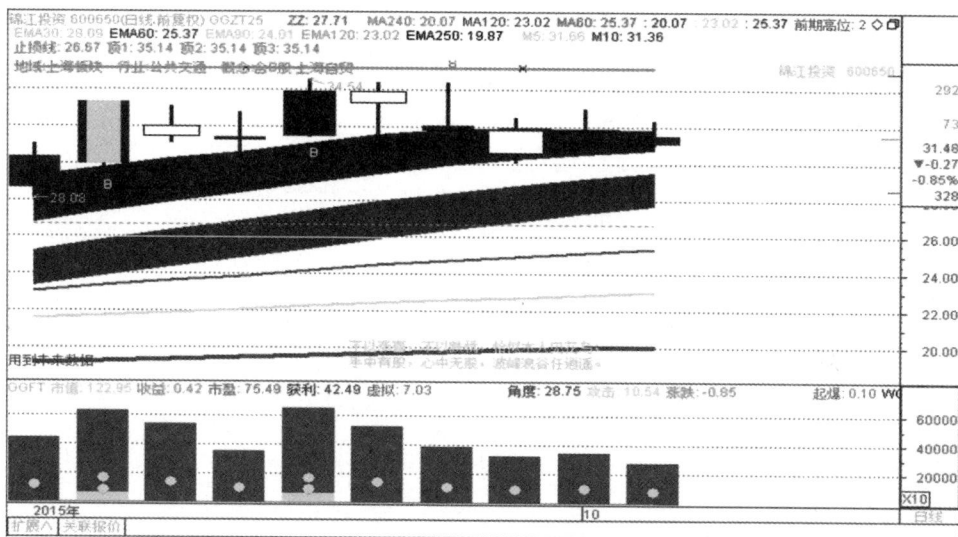

图 4-136　锦江投资 2015 年 10 月 9 日走势图

从周线图中可以看得比较清楚，从成交量看，该股已持续进行两周的洗盘，变局即将产生，见图4-137。

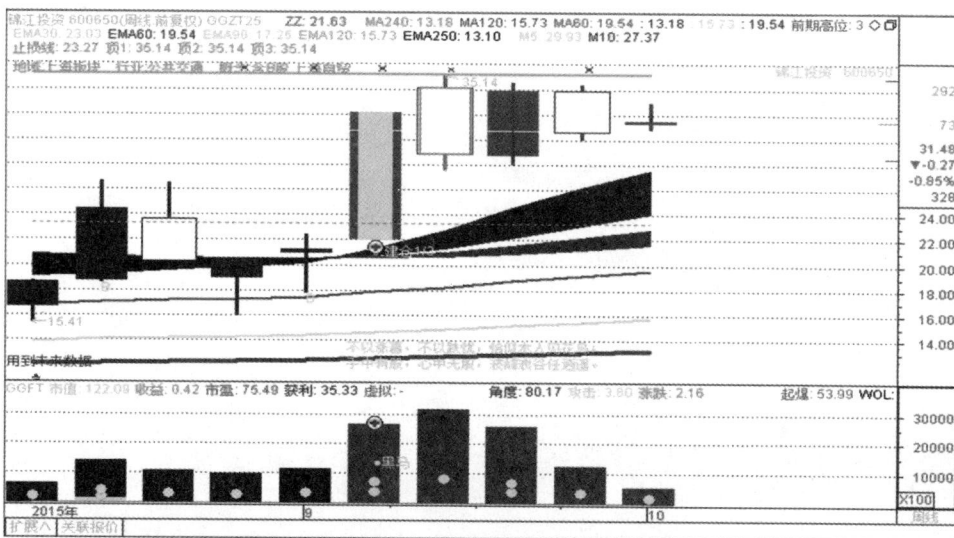

图 4-137　锦江投资 2015 年 10 月 9 日走势图（周线）

2015 年 10 月 12 日（周一），在大盘大涨的情况下，锦江投资尾盘时封上涨停，见图 4-138。

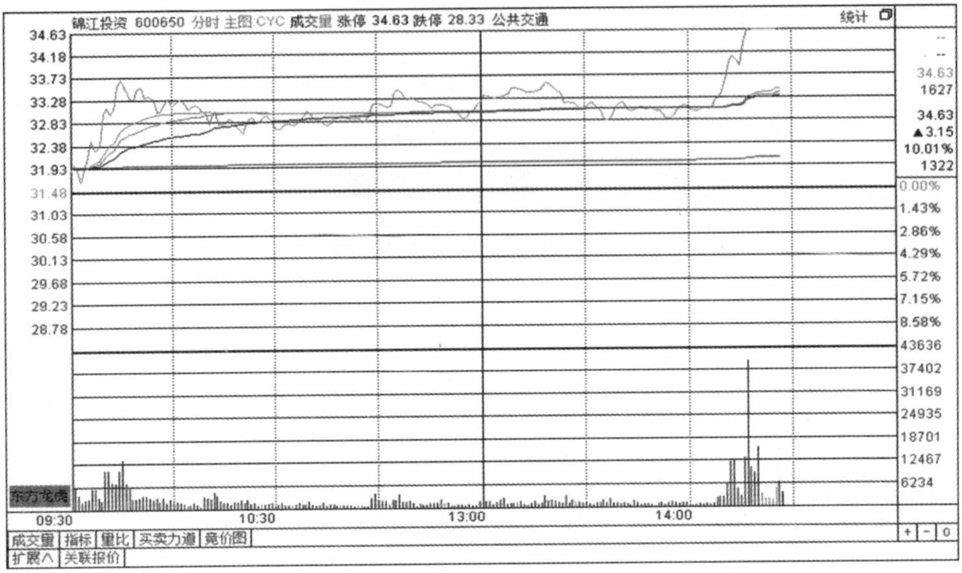

图 4-138　锦江投资 2015 年 10 月 12 日尾盘涨停分时图

日线图上，锦江投资放量涨停，左侧高点突破在即，见图 4-139。

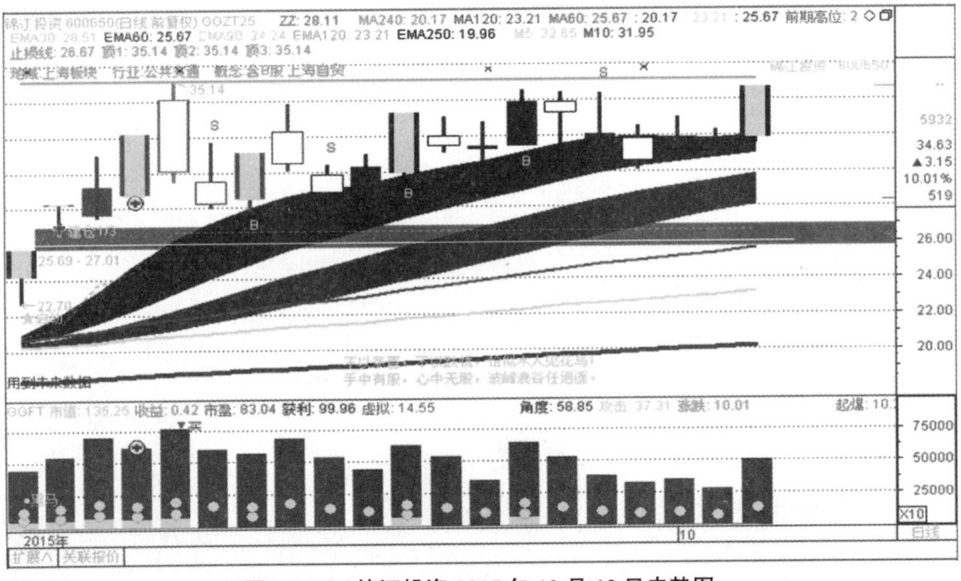

图 4-139　锦江投资 2015 年 10 月 12 日走势图

虽然尾盘涨停打开，很显然在突破左侧高点前，主力还要再洗洗前期高点套牢的筹码，以便日后能轻装上阵，此时也是加仓的好时机，见图 4-140。

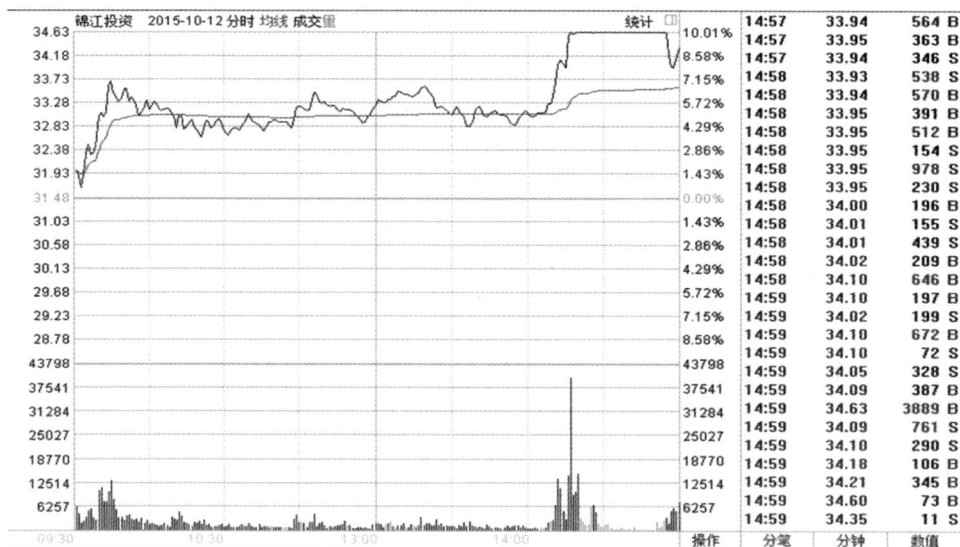

图 4-140 锦江投资 2015 年 10 月 12 日收盘分时图

2015 年 10 月 12 日大盘分时图，高开高走，走势强劲，见图 4-141。

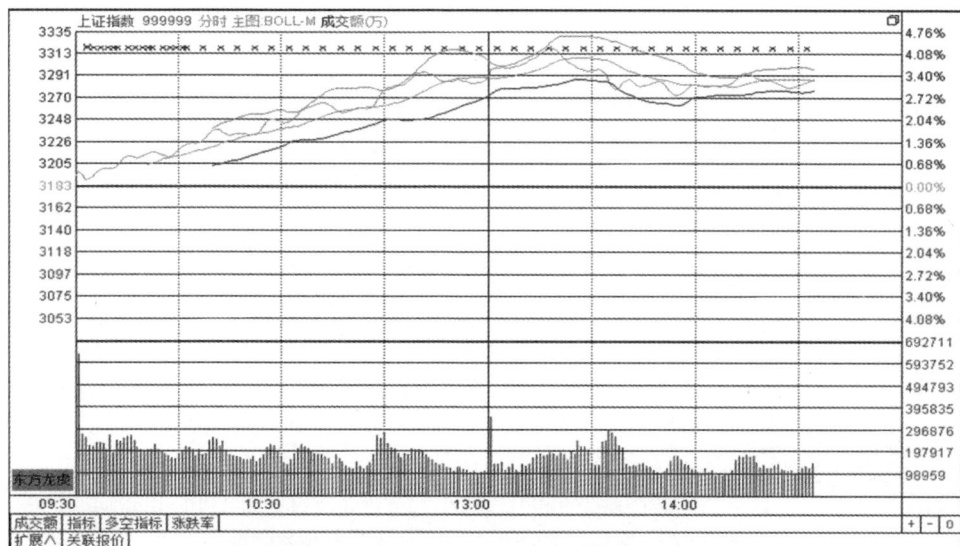

图 4-141 上证指数 2015 年 10 月 12 日尾盘分时图

当日大盘日线图，放量大涨，继续向上拓展空间，见图 4–142。

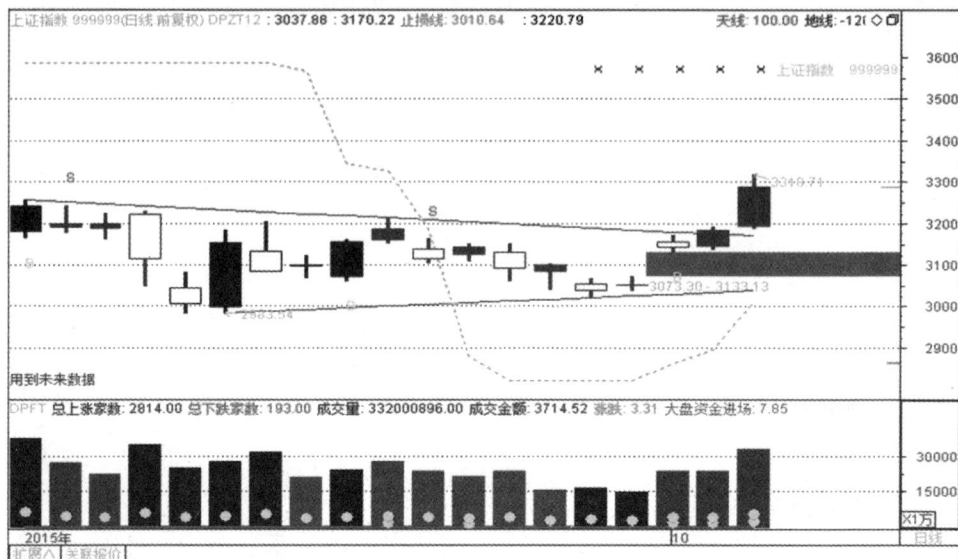

图 4–142　上证指数 2015 年 10 月 12 日走势图

2015 年 10 月 13 日（周二），大盘走势震荡的情况下，锦江投资发力突破创出新高，分时量能配合理想，继续加仓，见图 4–143。

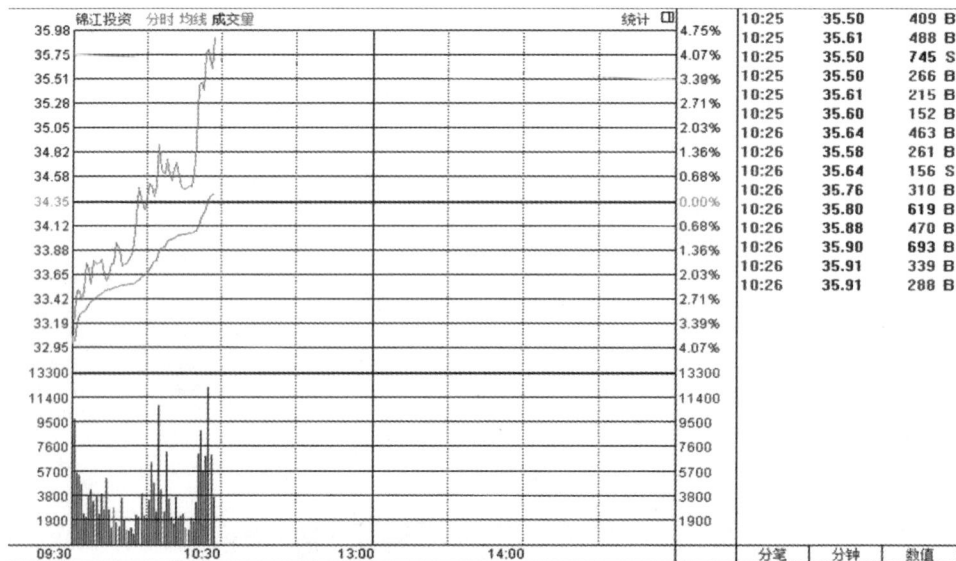

图 4–143　锦江投资 2015 年 10 月 13 日早盘分时图

日线图上，该股创出历史新高，后面将是一片坦途，见图4-144。

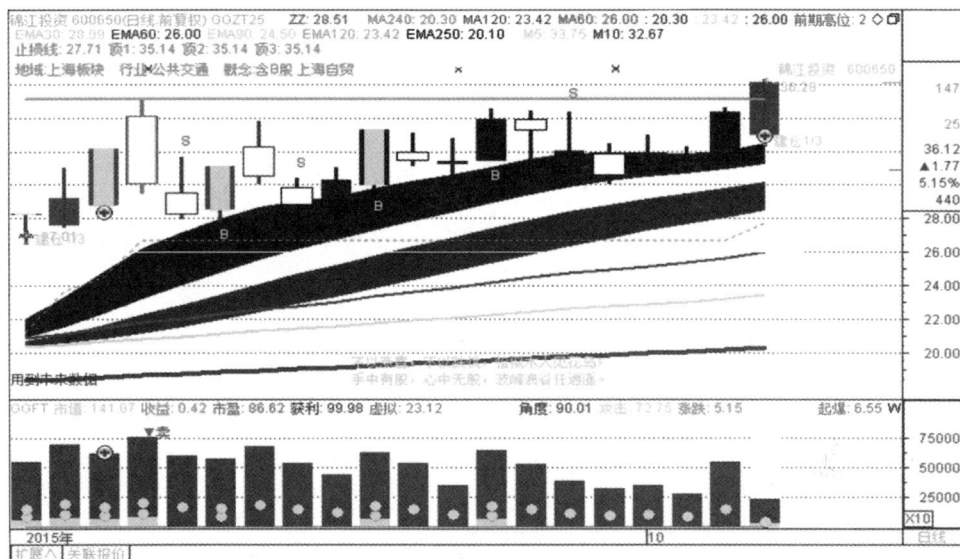

图4-144 锦江投资2015年10月13日突破走势图

当日大盘上下震荡走势，见图4-145。

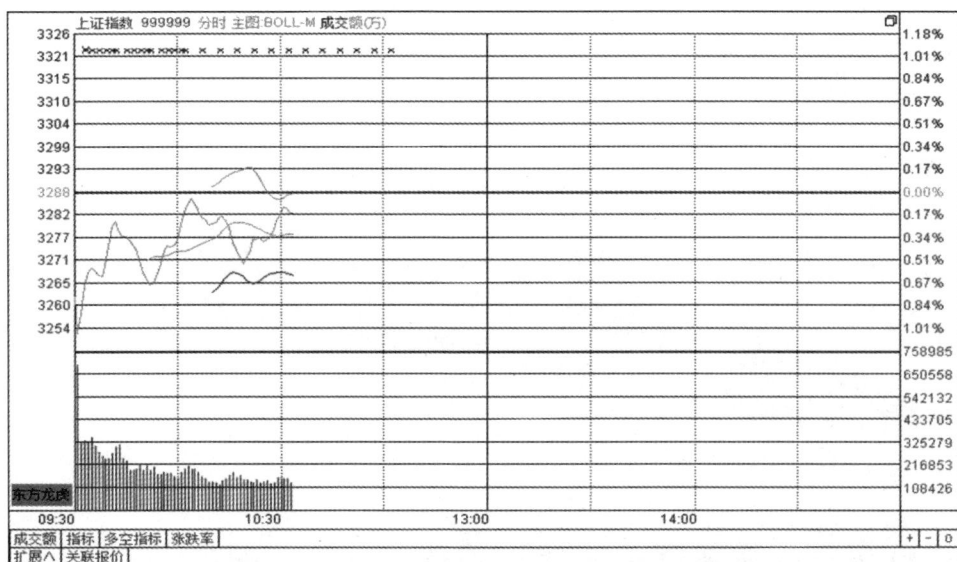

图4-145 上证指数2015年10月13日早盘分时图

锦江投资一路震荡走高，午后开盘半小时后封于涨停，至收盘时

仍未打开，由此可知，昨日涨停打开是为洗盘，见图 4-146。

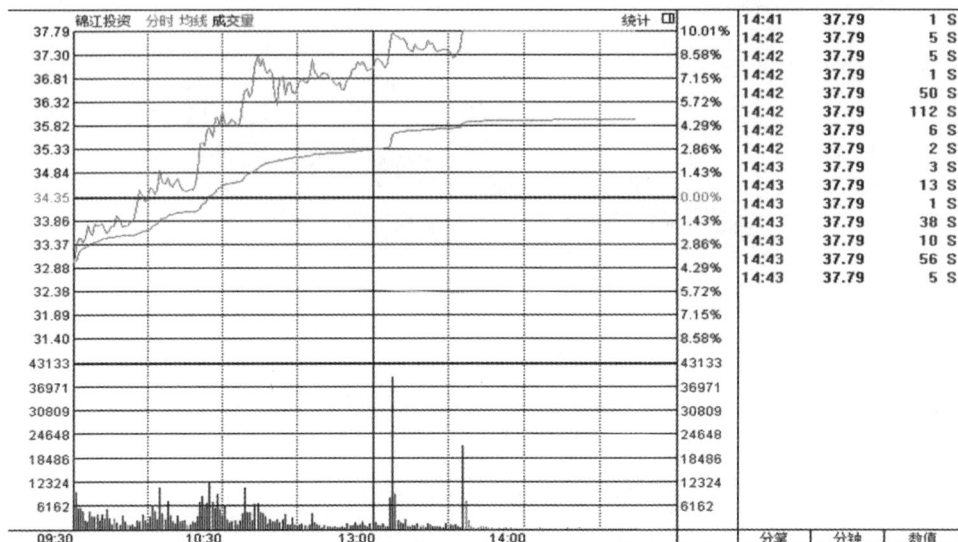

图 4-146　锦江投资 2015 年 10 月 13 日涨停分时图

日线图上，涨停创历史新高，可视为关键点突破。成交量比前一日有所萎缩，筹码稳定性良好，经过前期的充分洗盘，后续拉升会很稳健，见图 4-147。

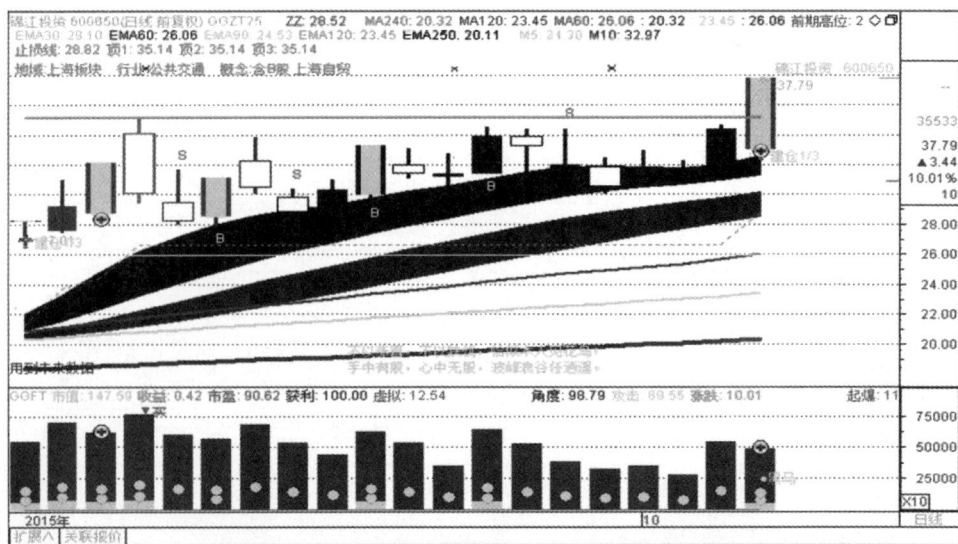

图 4-147　锦江投资 2015 年 10 月 13 日涨停突破走势图

2015 年 10 月 14 日（周三），锦江投资冲高回落，收盘跌破均价线，有洗盘性质，走势强于大盘，见图 4-148。

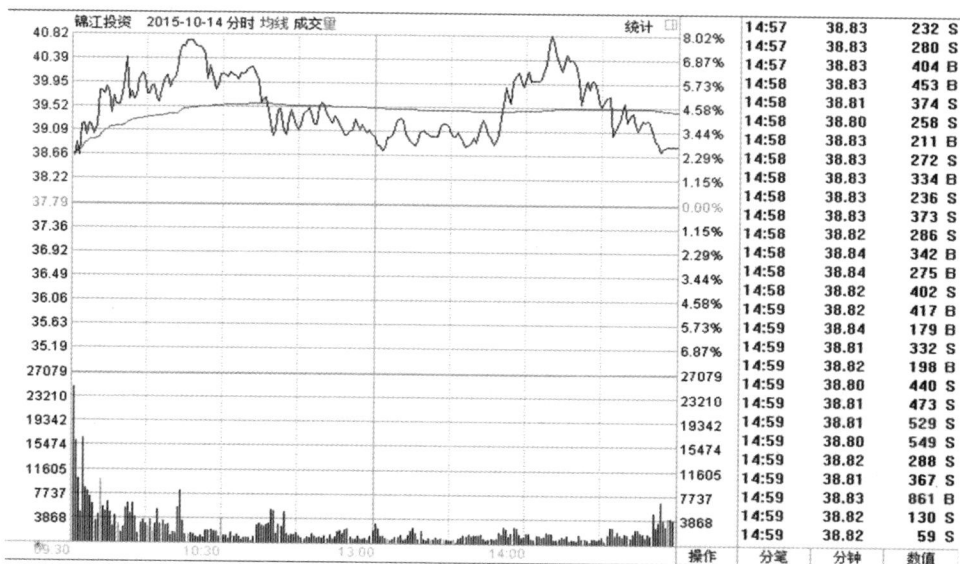

图 4-148　锦江投资 2015 年 10 月 14 日分时图

日线图上，收出带上影小阳线，成交量依旧保持放量状态，看好后势，见图 4-149。

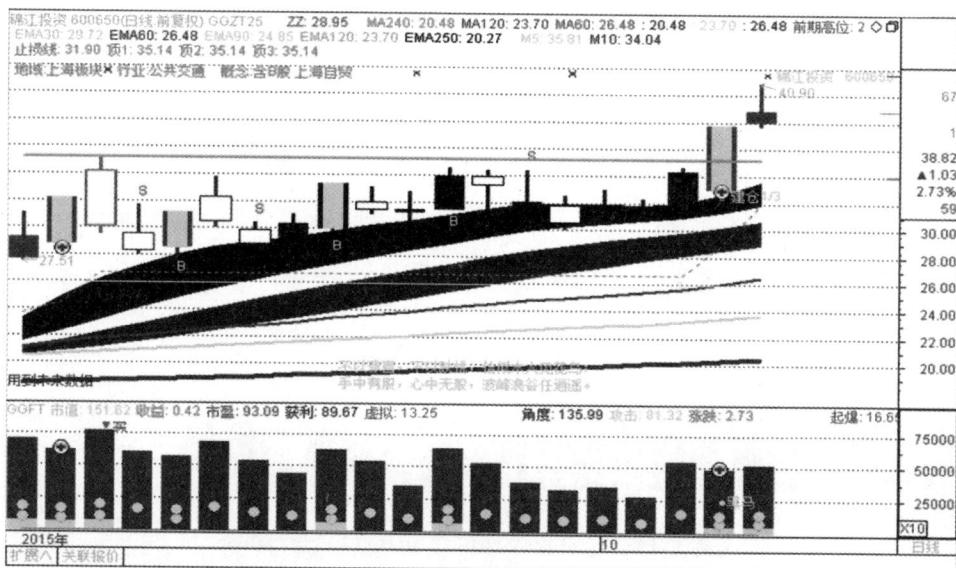

图 4-149　锦江投资 2015 年 10 月 14 日走势图

当日大盘呈震荡下跌走势，尾盘有跳水，见图4-150。

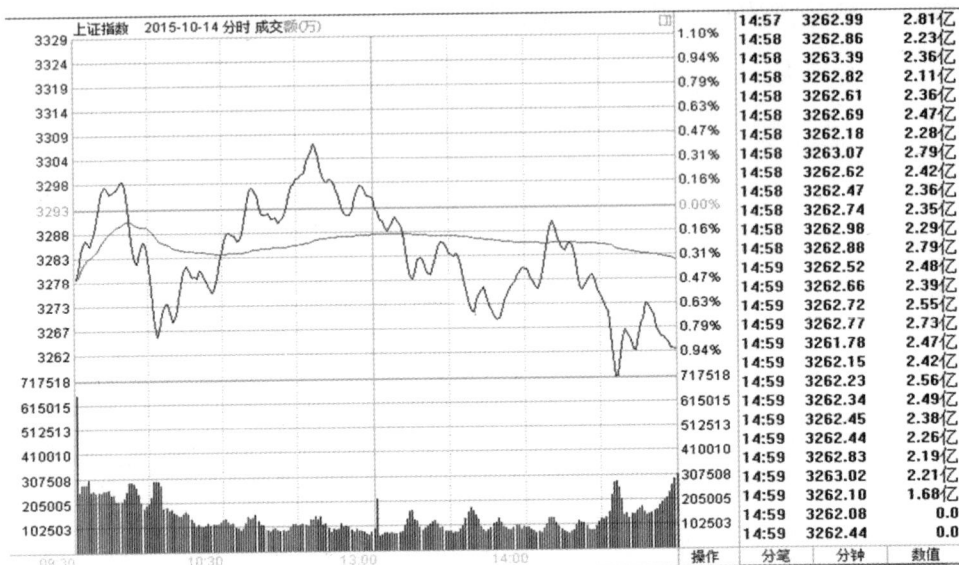

图 4-150　上证指数 2015 年 10 月 14 日分时图

日线图上，收出阴线，成交量基本与前一日持平，突破整理形态后的正常调整，见图4-151。

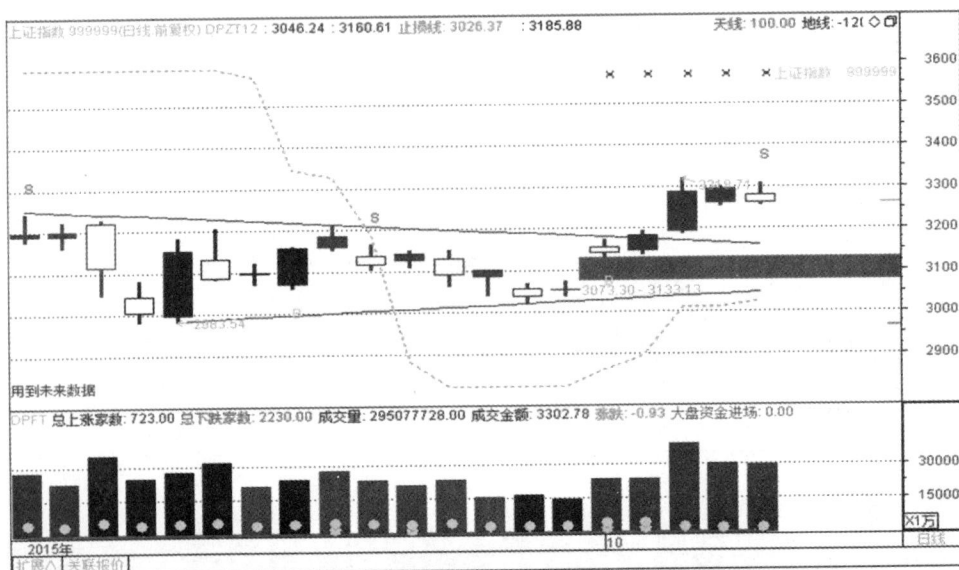

图 4-151　上证指数 2015 年 10 月 14 日走势图

2015 年 10 月 15 日（周四），在大盘上涨的情况下，锦江投资发力上攻，攻克昨日上影线，这也证明之前判断的正确性——上影确为洗盘，见图 4-152。

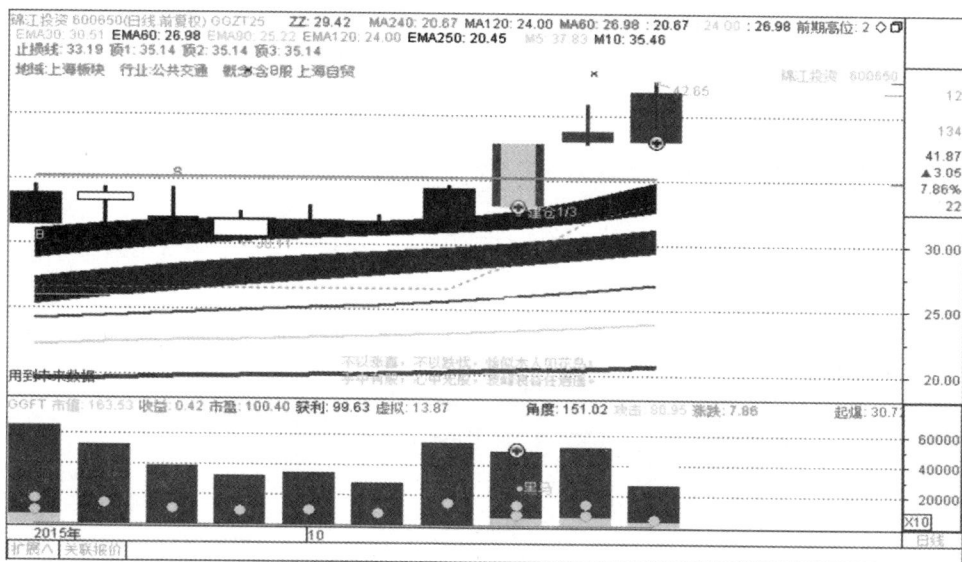

图 4-152　锦江投资 2015 年 10 月 15 日盘中走势图

下午，该股封上涨停，见图 4-153。

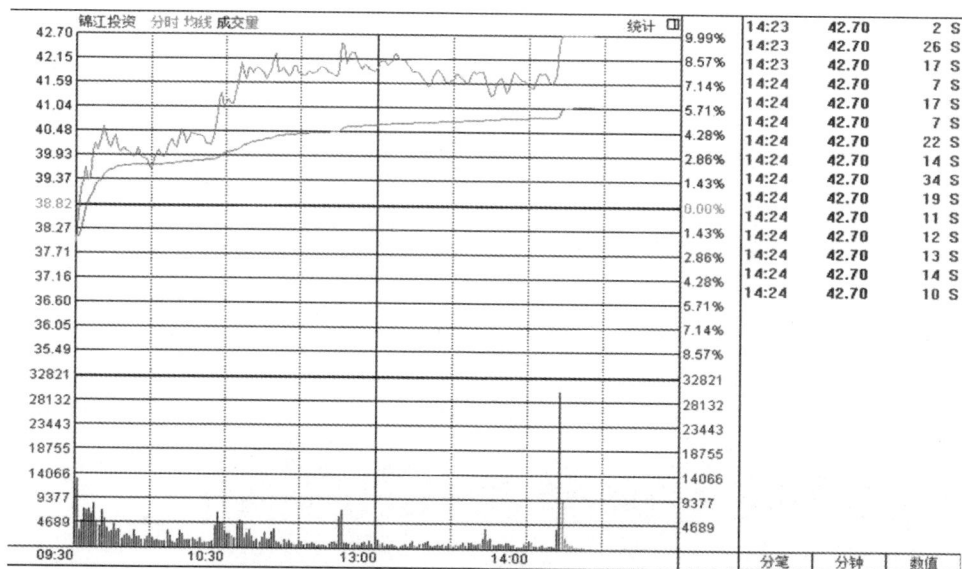

图 4-153　锦江投资 2015 年 10 月 15 日涨停分时图

日线图上，成交量有所萎缩，筹码稳定性良好，继续看好后市，见图 4-154。

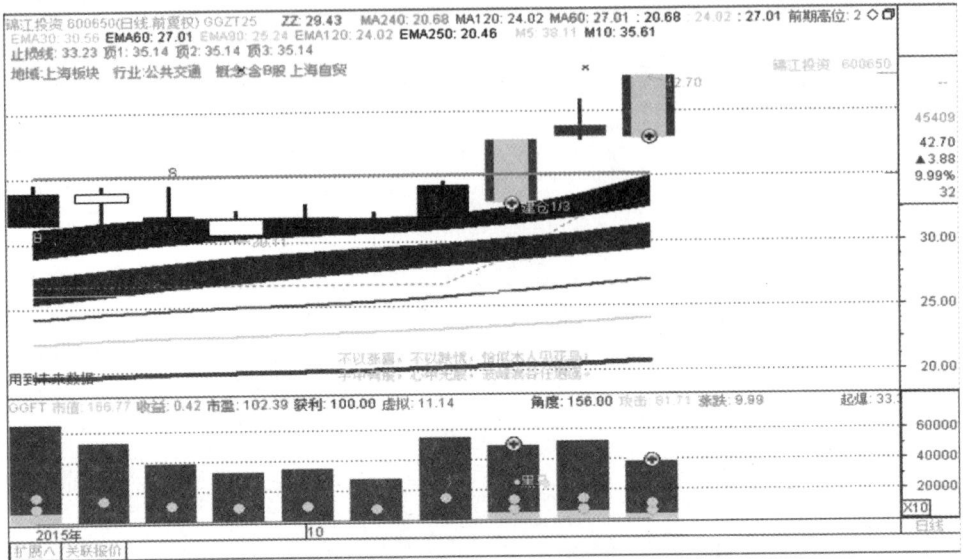

图 4-154　锦江投资 2015 年 10 月 15 日涨停走势图

2015 年 10 月 15 日，大盘收复昨日阴线，向上攻击，创出近几个交易日新高，后市看高一线，见图 4-155。

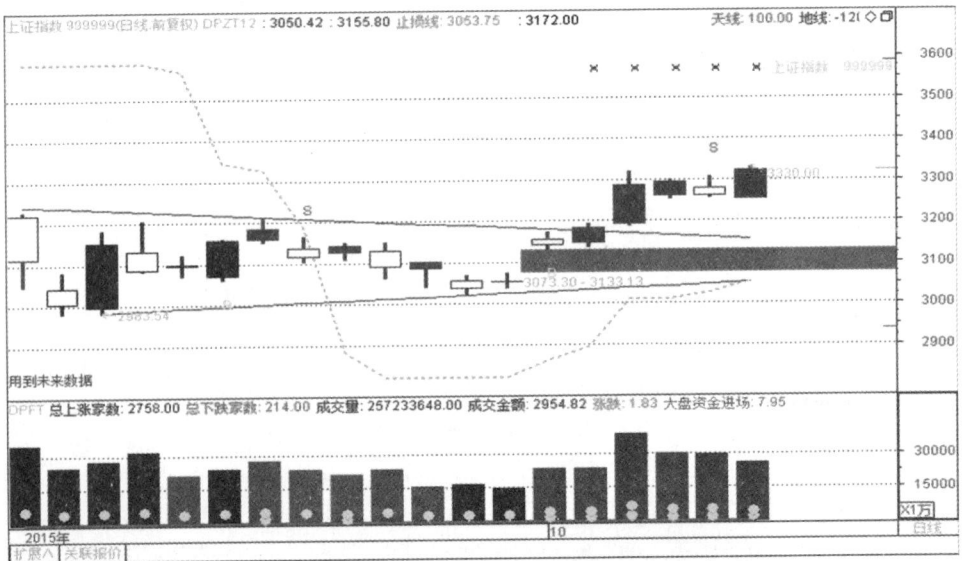

图 4-155　上证指数 2015 年 10 月 15 日走势图

2015 年 10 月 16 日（周五），锦江投资高开高走，经过三小时盘中震荡，于午后封停，见图 4-156。

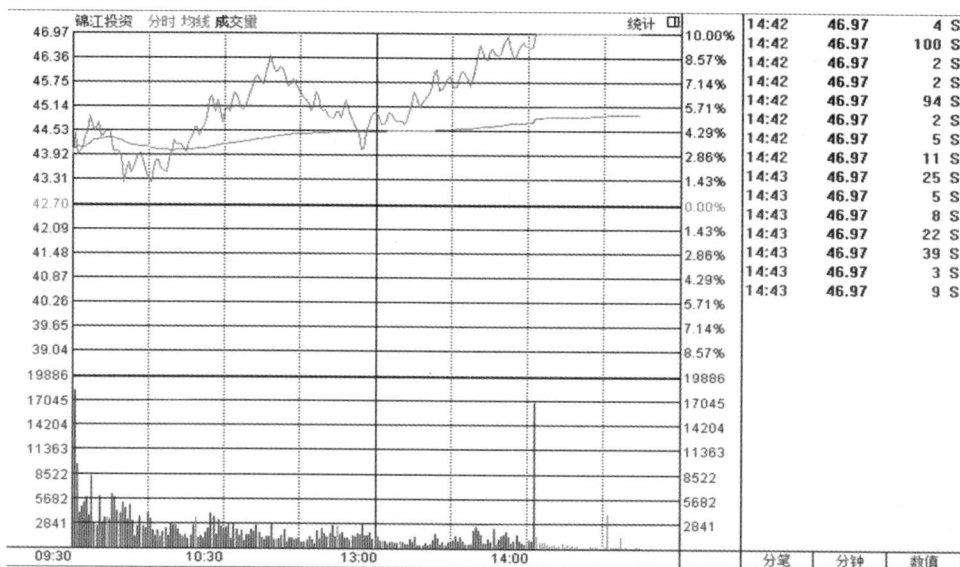

图 4-156　锦江投资 2015 年 10 月 16 日涨停分时图

日线图上，成交量与前一日基本持平，K 线图留下跳空缺口，进入加速阶段，持股待涨，见图 4-157。

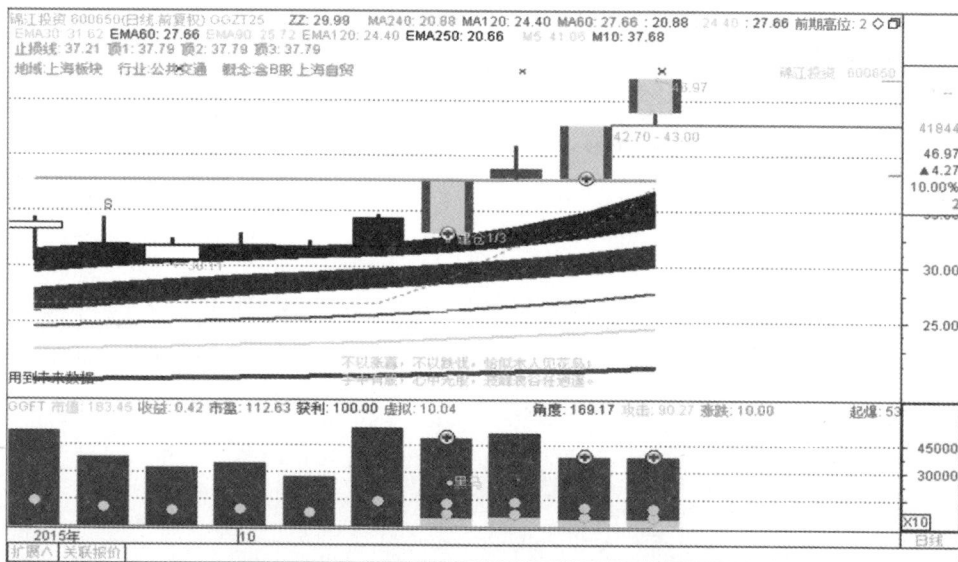

图 4-157　锦江投资 2015 年 10 月 16 日走势图

大盘继续放量上涨，给个股上涨提供了良好的表现环境，见图 4-158。

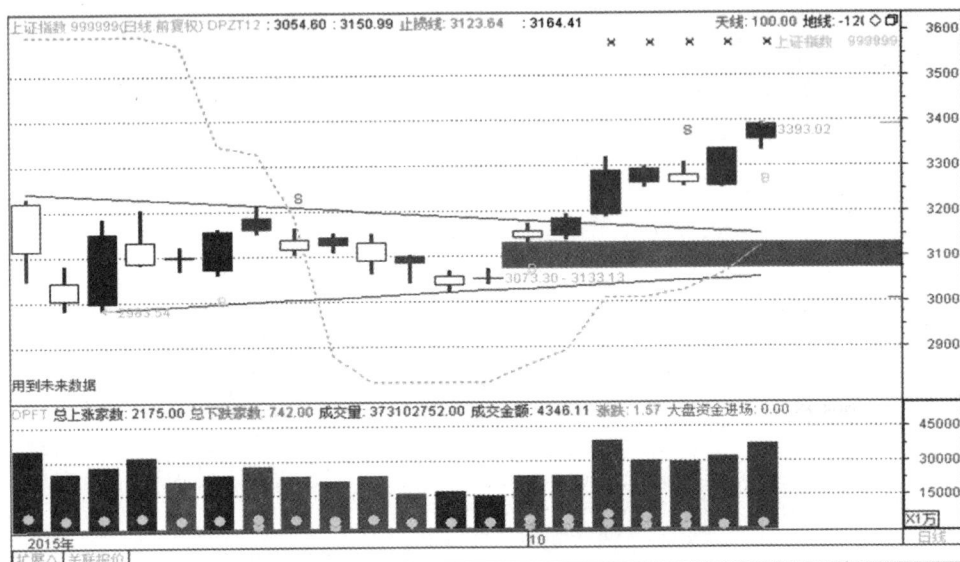

图 4-158　上证指数 2015 年 10 月 16 日走势图

2015 年 10 月 19 日（周一），在大盘跳水的情况下，锦江投资走势也出现了破位，于是盘中卖出，卖出价为十字线处，虽然卖出价未到心理价位，但毕竟已有不小涨幅，保险起见，还是先出局为宜，从尾盘的放量下跌来看，卖出还是对的，见图 4-159。

从日线图看，与前期相比，成交量有所放大，说明主力有出货迹象，但出货不可能一次完成，该股前期吸筹非常充分，不排除有再创新高可能，见图 4-160。

当日大盘分时图，开盘后震荡走高，午后大幅跳水，大势环境不好，而笔者操作任务已经完成，文武之道，一张一弛。休息，是为下一次的出征养精蓄锐，见图 4-161。

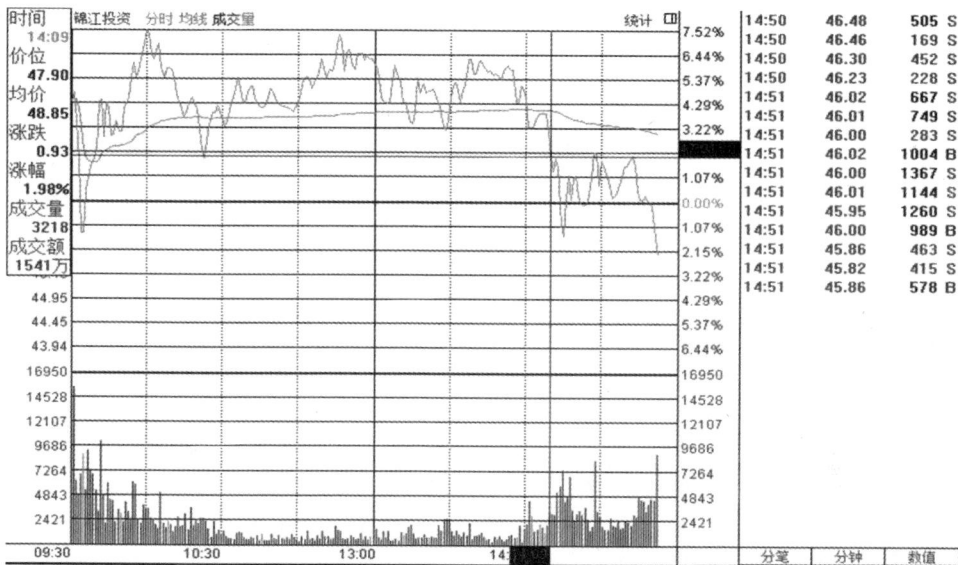

图 4-159　锦江投资 2015 年 10 月 19 日分时图

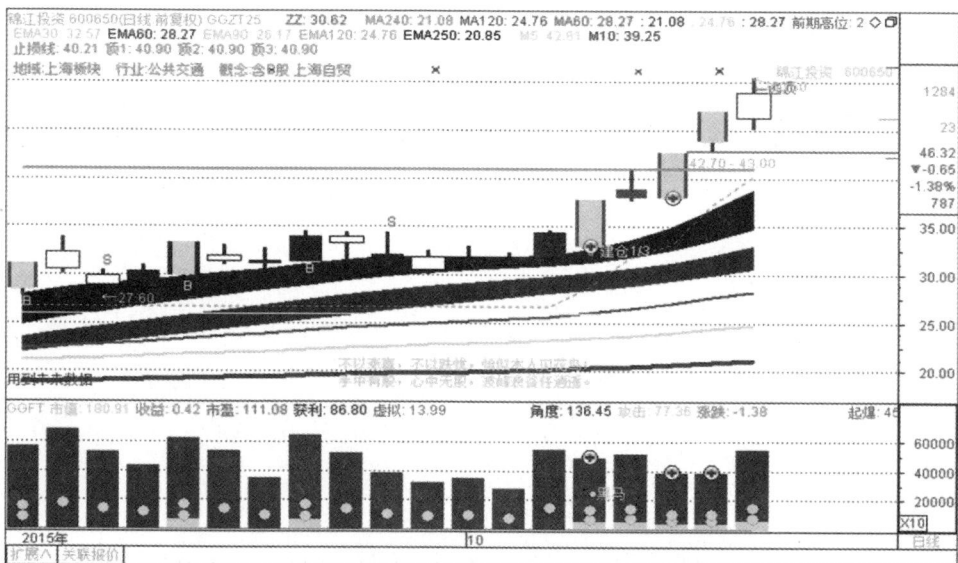

图 4-160　锦江投资 2015 年 10 月 19 日走势图

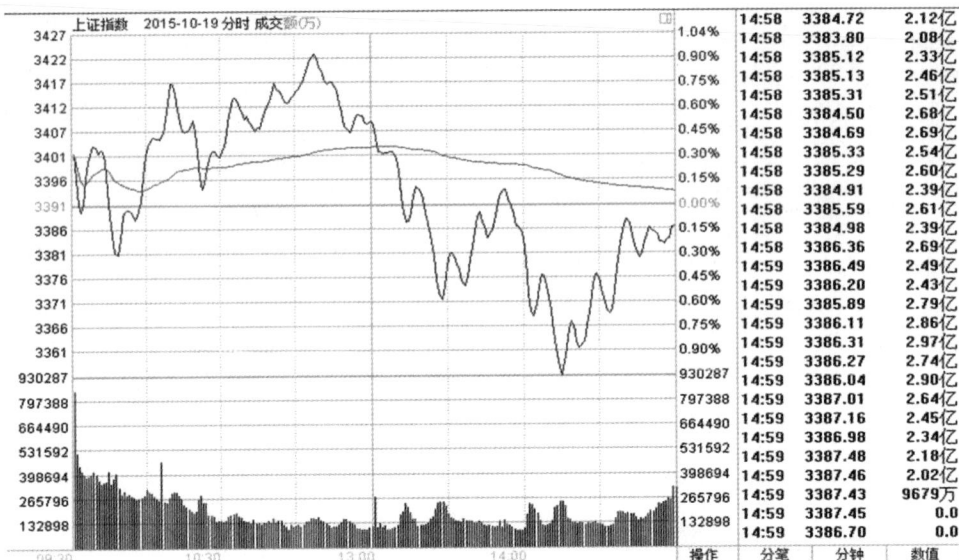

图 4-161　上证指数 2015 年 10 月 19 日分时图

本次交易总结：这波行情虽然捕捉到了锦江投资，收益还算可以，但同期跟踪的上海普天涨幅更大，笔者与其失之交臂，有些遗憾。选股能力仍有提高空间。

注：2016 年 1 月大盘创出调整新低，说明之前的分析判断有误，当时以为是新的升浪，其实只是 B 浪反弹。这也印证了《股票作手回忆录》里的一句话：在投机操作中，没有什么事情能够绝对预定。

完善的交易系统

完善的交易系统（一）

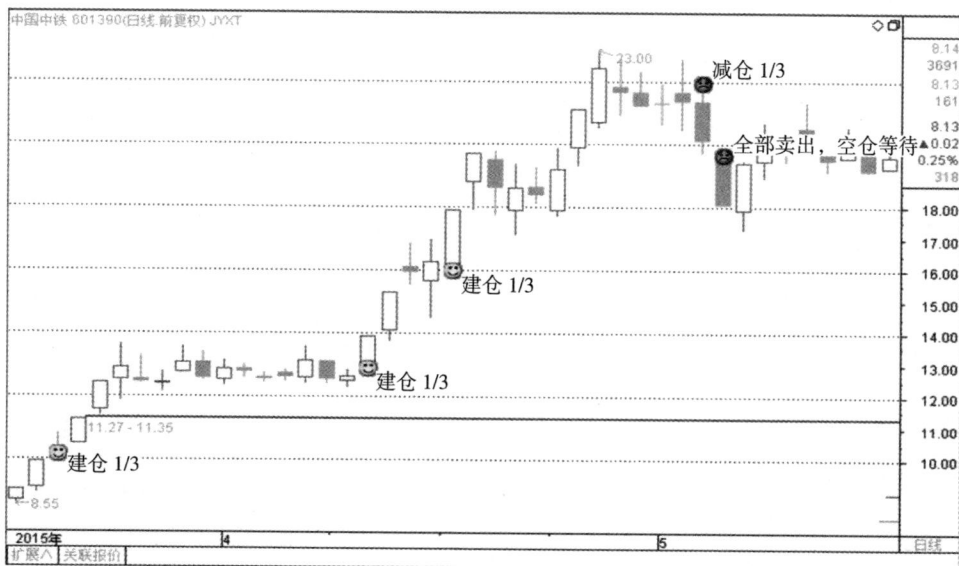

中国中铁 601390(日线,前复权) JYXT

减仓 1/3

全部卖出，空仓等待

建仓 1/3

建仓 1/3

11.27 - 11.35

建仓 1/3

8.55

2015年　　　　　4　　　　　　5　　日线
扩展∧ ｜关联报价

完善的交易系统（二）

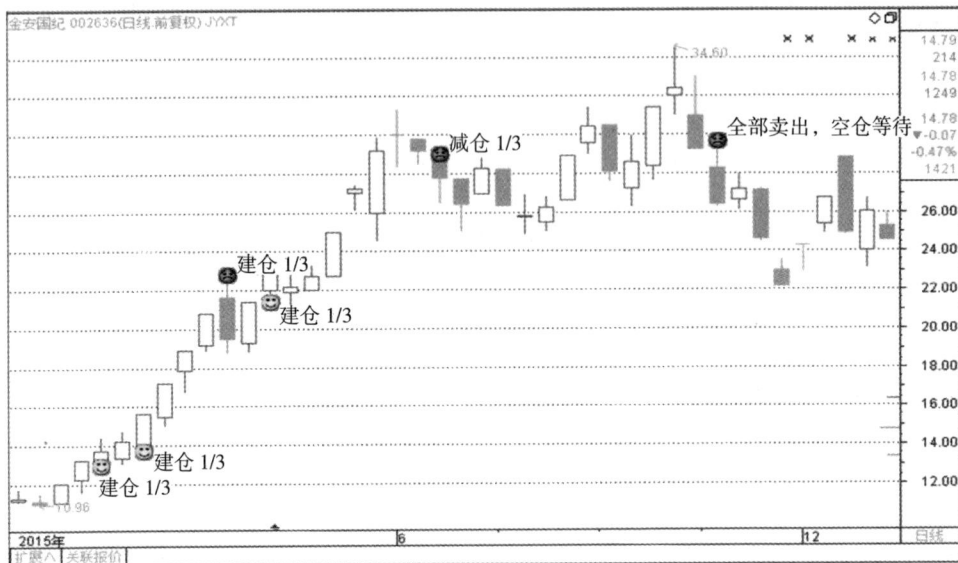

完善的交易系统（三）

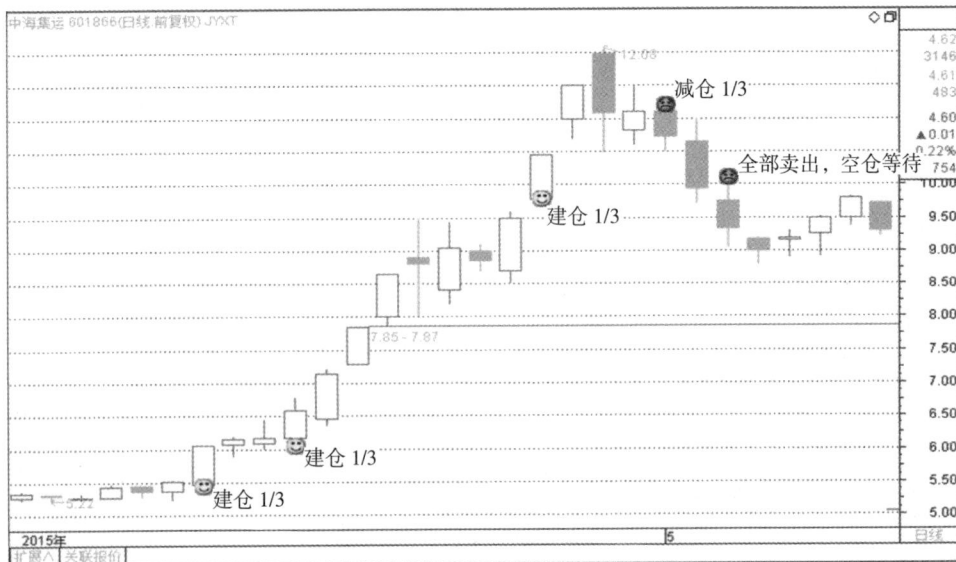

完善的交易系统（四）

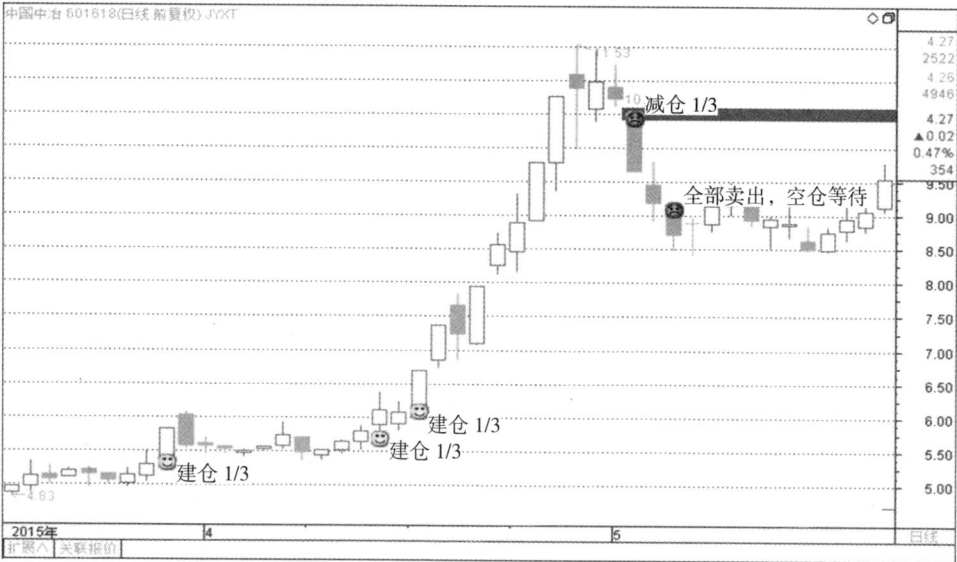

中国中冶 601618(日线 前复权) JYXT

减仓 1/3

全部卖出，空仓等待

建仓 1/3

建仓 1/3

建仓 1/3

2015年

完善的交易系统（五）

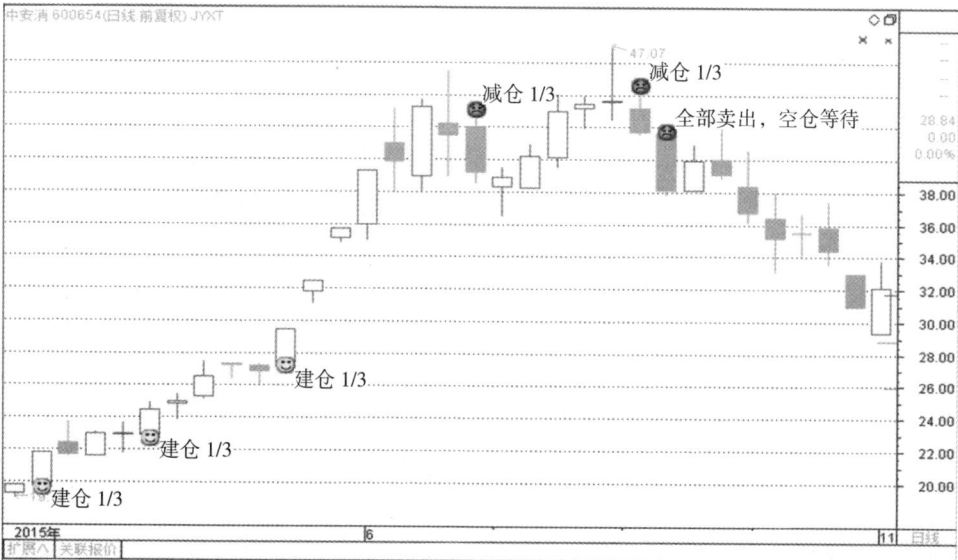

中安消 600654(日线 前复权) JYXT

47.07

减仓 1/3

减仓 1/3

全部卖出，空仓等待

建仓 1/3

建仓 1/3

建仓 1/3

2015年

完善的交易系统（六）

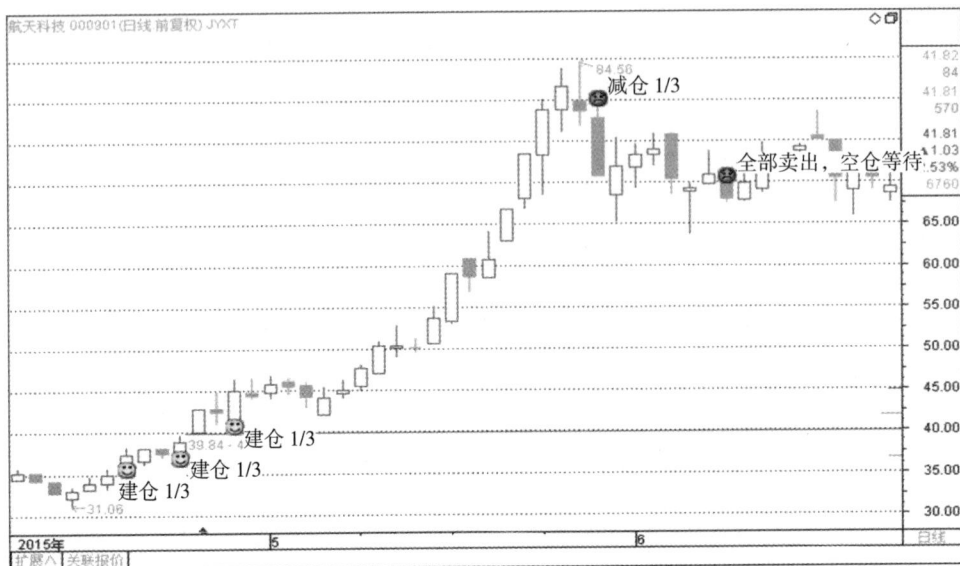

航天科技 000901(日线 前复权) JYXT

84.56 减仓 1/3

全部卖出，空仓等待

39.84 - 4 建仓 1/3

建仓 1/3

建仓 1/3

31.06

2015年　　5　　6

完善的交易系统（七）

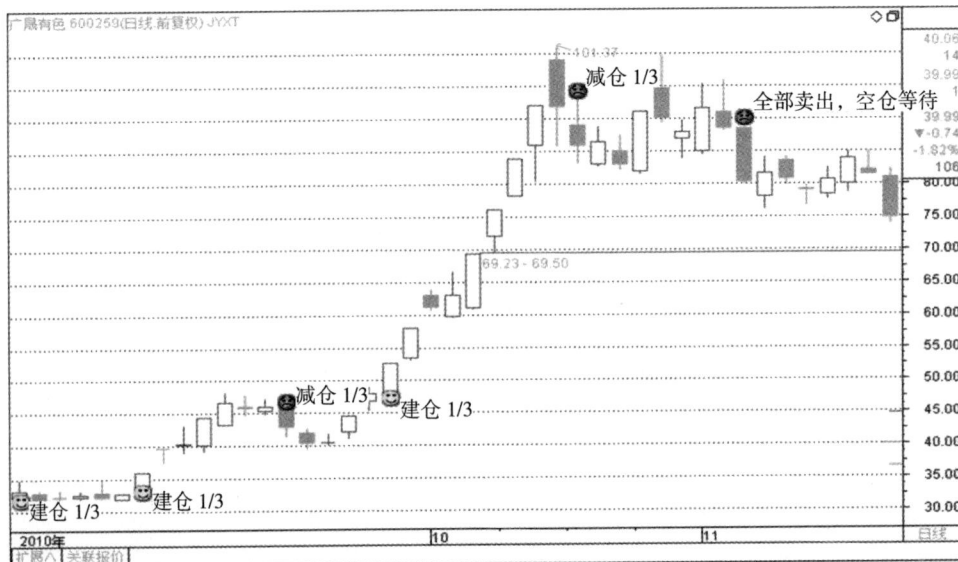

广晟有色 600259(日线 前复权) JYXT

404.37 减仓 1/3

全部卖出，空仓等待

69.23 - 69.50

减仓 1/3　建仓 1/3

建仓 1/3　建仓 1/3

2010年　　10　　11

完善的交易系统（八）

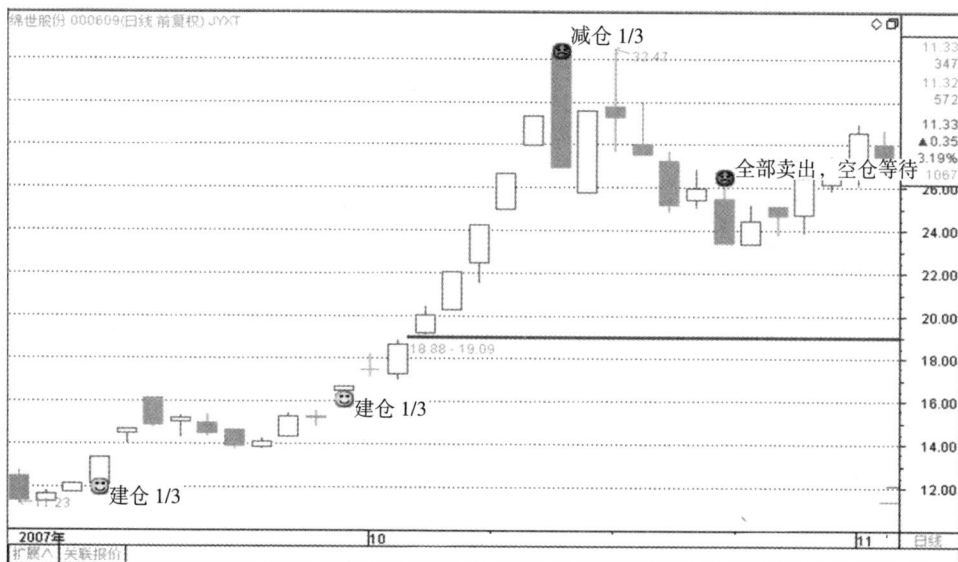

图书在版编目（CIP）数据

牛股密码：破译利弗莫尔关键点/雪禅著. —北京：经济管理出版社，2016.6
ISBN 978-7-5096-4373-0

Ⅰ①牛… Ⅱ.①雪… Ⅲ.①股票投资—基本知识 Ⅳ. F830.91

中国版本图书馆 CIP 数据核字（2016）第 102522 号

组稿编辑：王格格
责任编辑：王格格
责任印制：司东翔
责任校对：王　淼

出版发行：经济管理出版社
　　　　　（北京市海淀区北蜂窝 8 号中雅大厦 A 座 11 层　100038）
网　　址：www. E-mp. com. cn
电　　话：（010）51915602
印　　刷：三河市延风印装有限公司
经　　销：新华书店
开　　本：710mm×1000mm/16
印　　张：10.5
字　　数：143 千字
版　　次：2016 年 6 月第 1 版　2016 年 6 月第 1 次印刷
书　　号：ISBN 978-7-5096-4373-0
定　　价：38.00 元